U0610819

课外
语文
应用系列

王毅
主编

文言文
在作文中的应用

李丽 等◎著

辽宁人民出版社

© 李丽 等 2018

图书在版编目（CIP）数据

文言文在作文中的应用 / 李丽等著. —沈阳：辽
宁人民出版社，2018.9（2019.6重印）
（课外语文应用系列 / 王毅主编）
ISBN 978-7-205-09364-8

Ⅰ. ①文… Ⅱ. ①李… Ⅲ. ①作文课—中学—教
学参考资料 Ⅳ. ①G634.343

中国版本图书馆CIP数据核字（2018）第173952号

出版发行：辽宁人民出版社
　　　　　地址：沈阳市和平区十一纬路25号　邮编：110003
　　　　　电话：024-23284321（邮　购）　024-23284324（发行部）
　　　　　传真：024-23284191（发行部）　024-23284304（办公室）
　　　　　http://www.lnpph.com.cn
印　　刷：辽宁新华印务有限公司
幅面尺寸：145mm×210mm
印　　张：9.75
字　　数：202千字
出版时间：2018年9月第1版
印刷时间：2019年6月第3次印刷
责任编辑：张　放　娄　瓴　高　丹
装帧设计：丁末末
责任校对：常　昊
书　　号：ISBN 978-7-205-09364-8

定　　价：28.00元

再版说明

近几年，中小学语文教学改革呼声很高，2017年9月起，中小学语文教材发生了重大变化。新教材加大了传统文化内容，目标是培养学生阅读兴趣，力求提升学生语文素养。

辽宁人民出版社于2002年出版的"课外语文应用系列"丛书可以说预测了这种变化，早于十几年前就开始关注学生阅读兴趣与语文素养的培养。丛书出版16年来颇受小读者喜爱。为更符合新语文教材的培养目标，针对中学语文作文这一难点，丛书作者对书的内容作了修订，以使得这套以"语文的功夫在课外"为出版理念的中学生写作应用丛书更符合未来发展的需要。现择其中的10个品种推出。

本套丛书共10本，重点在"课外"和"应用"。其中的《宋词在作文中的应用》《古诗在作文中的应用》《唐诗在作文中的应用》《文言文在作文中的应用》等国学经典应用品种将赏析寓于应用，助小读者爱上国学、应用国学；《精彩人物描写在作文中的借鉴》《精彩景物描写在作文中的借鉴》《精彩心理描写在作文中的借鉴》《精彩议论在作文中的借鉴》《现代诗歌在作文中的应用》《名人名言在作文中的应用》等写作方法借鉴品种则是通过对名家名著的精彩文章片段的引用和点评来提升中学生的审美品位，进而形成写作直觉。

对于中学生作文来说，如何想，如何写，如何生动，如何感人——如丛书主编王毅教授所言：这一切在根本上是一个长期修炼的事情。所以，有心的小读者可将这套书当作阅读索引，循着这条线索，去发现一片阅读的森林，通过阅读，提升自己的写作水平。

时光荏苒，匆匆16年。当年的总策划赵炬先生和责任编辑之一王瑛玮女士已退休，但我们初心不变，愿以微薄之力助小读者们笔下生花！

再版序

转眼之间，这套丛书初版竟是16年前，如今有了再版的社会需要，令人感慨而高兴。

当年，组织这套书的撰写，我们就有一个基本的想法：从根本上讲，作文是一个人综合素质和能力的体现，从容而又自信地写出一篇自己满意、别人欣赏的好文章，这是积累、发展、逐渐成熟的水到渠成、瓜熟蒂落。然而，在这个自然过程中，能否有意识地增加一些助力？能否较具操作性、指导性和实用性地去滋养和提高中学生的作文素养？

2017年新版的国家语文课程标准强调语文学科的"核心素养"，它作为"学生在积极的语言实践活动中积累与构建起来，并在真实的语言运用情境中表现出来的语言能力及其品质，是学生在语文学习中获得的语言知识与语言能力，思维方法与思维品质，情感、态度与价值观的综合体现"，包括"语言建构与运用""思维发展与提升"等几个方面。

对照之下，"选择从思路、角度、技巧、语言、风格等方面对中学生作文有较大启发空间的材料，密切结合中学生作文所需要的精神、思考、气质、语言、表达技巧等基本因素，从这个角度把所选的文化遗产中的营养和启发说出来，把写作所需要的思维和灵性说出来"，"分析和阐释这些文化珍品形成的思路、表达的技巧、风格的突出、语言的质量，分析那些作家、思想家从什么角度来理解人生、评说人生，如何独特地、富有感染力地表达自己这种理解和评说的，中学生在自己的作文中可以怎样借鉴应用，起到素质培养和具体启发兼有的作用"，本套丛书的宗旨倒是与此吻合。

语文的重要性、体现语文素养的作文之重要性，今天终于得到了它应该得到的重视。2012年至2014年，在各省区统一采用全国试卷之前，我曾连续三年担任辽宁省高考语文命题组组长，推敲拟定作文题目时，如何激活与考查考生的读书积累、思维素质和语言表达，是反复斟酌、思考再三、最费脑筋的。现在，不仅仅是各类考试中"得作文者得天下"，而且在信息海量涌现、自媒体蜂起、人们用语言文字进行表达和交流空前活跃的这个时代，必然是质高者胜出，平庸者湮没。

"语言建构与运用""思维发展与提升""审美鉴赏与创造""文化传承与理解"，希望这套丛书能对中学生的"语文核心素养"起到一点作用。

王　毅

2018年5月于南国

写在前面的话

中学生的作文，老师非常强调，社会非常重视，其重要性鲜明地体现在中考、高考等各种考试之中。想一想，这当然是有道理的。从小学到高中，学了十几年的语文，无论是学生自己还是社会的期待，一般都不会要求你去孤立地分析、讲解字、词，或者是做语法分析，要的是你整体性的、综合性的使用语言文字的能力，这除了口头表达以外，在课堂上、在考场上、在实际生活中，很多时候就是看你的文章写作了。而文章写作对于中学生来讲，似乎又呈现着两种截然相反的状态。

对于为数不多的一些中学生来说，作文并不是难受的事情，尤其是那种自己想写的"课外作文"，它是快乐，是享受，是一种自我实现、自我满足和自我升华。这大约就是真正意义上的作文了，与文学家们的文学创作相比，在本质意义上已经开始相通了。用纸和笔，把自己想说的话说出来，甚至是把自己脑海里、心灵中此刻并不那么清晰定型的感受和思绪整理出来，固定下来，越是去整理它、固定它，就越发现自己的感受竟是如此丰富、细腻、微妙，自己的思绪是如此复杂，起伏变化，直通向一个令自己也吃惊的深处！诚如作家冯骥才所言，这在本质上真是一种生命转换的过程，即把最深刻的生命——心灵，有姿有态、活生生地呈现出来。这过程是宣泄，是倾诉，是絮语，是呼喊，又是多么快意的创造！对于一些现在已经在写长篇小说、在出诗集的中学生来说，他们已经进入这种境界了。

然而，对于更多的中学生来说，作文却是苦差事，是不得不做，所以只好敷衍了事的事情。其实，很多时候，语文老师在布置作文题时，为了让同学们有话可说，不至于太搜肠刮肚，给的已经是相当宽泛灵活的题目了，如"记一件有意义的事""写一个熟悉的人""自己去过的一个好玩的地方""一本书的读后感"等。可是，有多少同学，面对这样的题目，仍然觉得脑中空空，束手无策，无话可说，或者是无从说起，仍然是件皱着眉头、烦得不得了的苦事。

关于作文，中国古人讲过的最经典的话，恐怕就是"有大法无定法""运用之妙，存乎一心"了。这话等于没说，但又是句大实话，一切总结出来的作文套路在根本上都是不解决具体问题的。这就正像所有兵书上的战法不能够保证一位将军去打胜仗，纸上谈兵的话，还要吃大败仗；也如同现在那些著名股评家建议的操作要诀，决不能保证每一位股民照此办理就笃定赢钱。仔细想一想，人生中的方方面面，恐怕没有什么是可以依赖"定法"的。前几天，中央电视台报道，说有人搞出了快速生成一篇文章的作文电脑软件，只要你输入自己要写的题材、主题、文体或者是别的什么要素，这个软件就可以飞快地从它的语料库中合成出一篇文章来。电脑当然是很了不起的东西，它依据人所提供的逻辑，靠着它自身快得惊人的资料整理和排列速度，的确可以在几百万、几千万甚至几亿、几十亿的文字中快速地找出与你这篇文章要求相关的材料来，这些材料，如果靠你自己去读、去找、去记的话，可能需要一个月，或者是一年；它还可以按照人所安排的某一角度的理性逻辑，把这些材料整合为有头、有尾、有中间的一篇文章。不过，这到底是由人的心灵涌出，情感发酵而成的文章呢，还是同一个题目千篇一律的资料汇编和整理呢？作文，在观察生活、积累素材、发展思想、沉淀情感的基础上，在具体写作时，说到底是一个"想"和"说"的质量问题：如何想得清楚、想得透彻、想得独到、想得灵动，想到栩栩如生、诚挚感人的程度；如何能够把所想到的这一切说得明白、生动、到位，甚至在"说"的过程中补充和发展了"想"。这一切在根本上是一个长期修炼的事情。

　　然而，"有大法无定法""运用之妙，存乎一心"，并不意味着我们作文水平的提高就完全只能是一个自然过程。中外文学史上、思想史上那些已有定评的优秀文化资源，它们的存在，对它们的熟悉和领悟，进行必要的分析阐释，无疑会对中学生作文过程的"想"与"说"起到激活和引导的作用，辽宁人民出版社组织编写的这套丛书，用意就在这里。唐诗、宋词、古典诗歌、现代诗歌、古典格言、优秀文章中的议论说理、感情抒发，以及优秀文学作品中的景物描写、人物描写、心理描写，一共10种，构成了这套丛书的材料篇，除此而外，还有关于作文构思和技法的两种书，构成了这套丛书独具特色的构思篇和技法篇，使这套作文系列具有极强的知识系统性、实用性和指导性，这里需要强调的是：

本套丛书并不是一般性地谈论这些文化资源本身的内容和意义——尽管这一层也很重要，而是充分考虑中学生作文水平的切实提高，更注重分析和阐释这些文化珍品形成的思路、表达的技巧、风格的突出、语言的质量，同老师一道分析那些作家、思想家是从什么角度来理解人生、评说人生，是如何独特地、富有感染力地表达自己这种理解和评说的，中学生在自己的作文中可以怎样借鉴应用。这对中学生作文将起到素质培养和具体启发两个方面的作用。选择从思路、角度、技巧、语言、风格等方面对中学生作文有较大启发空间的材料，密切结合中学生作文所需要的精神、思考、气质、语言、表达技巧等基本因素，从这个角度把所选的文化遗产中的营养和启发说出来，把写作所需要的思维和灵性说出来。这就是本套丛书想要达到的目的。再换句话来说，它不重在那些大师（或者名作）想了些什么或者是说了些什么，而重在他们（它们）是怎样去想、如何来说的，我们希望这会对中学生的作文有更为切实的帮助。

想法听起来似乎还可以，但实际效果如何呢？在作文水平的提高上做一些操作性、步骤性的事情，这常常费力不讨好，而且很冒险，往往为那些妙笔生花的文章高手和文学家所笑。但我们考虑得更多的是中学生。我们期待着来自中学生和中学语文老师，还有专家的中肯批评。

目录
MULU

再版说明

再版序

写在前面的话

个人修养

人生追求

学习之道

惜时勤勉

立志以恒

知行合一

与人交往

辨识人才

道德品行

治国理政

爱国奉献

辩证哲思

人与自然

个人修养

自强不息

天行健，君子以自强不息。

《周易·象传》

这句话意为：天道刚健，君子应该像天一样，以一种刚健的品性，自强不息，不断前行。它强调了道德品格高尚的人应具备的一种精神——自强不息。

这句话是针对《乾》卦说的。因为《乾》卦象征着天，而天又是从古至今不断运行的宇宙存在，所以古人对于天就特别地崇拜。崇拜天，不是停留在思想中，而是应用到实际行为方面，由天而人，让人像天一样具有不断进取、不为外物所动的精神。在我国历史上，很多伟大人物都是凭借这种自强不息的精神，在逆境中坚定信念，不气馁、不绝望，顽强奋斗，最终成就了一番事业。当西伯侯姬昌被商纣王囚禁于羑里的时候，他没有对未来失去信心，而是积极地思考哲学问题，并通过这种哲学的思考解决社会问题，最终成为一代贤王——周文王，被历朝历代的君主所效仿。这样的例子不胜枚举，可见这是我们民族始终推崇的一种精神。这句话对于我们正在学习的学生也有很大的启发。在学习生活中，我们经常会遇到这样或那样的困难，如果被困难吓倒，不再有勇气进取，那么就不会有未来的成就；如果能战胜困难，不断向前，就能够取得别人得不到的成就。只有自强不息，才会最终成为"君子"。

在论述人的意志力和进取精神的作文中，可用此论据，说明这样一种民族精神应该被发扬光大。同时，在那些谈及如何对待逆境、考验、挫折的文章中，这句话既可作为论点出现，也可用作论据。

天长地久

天长地久。天地所以长久者，以其不自生，故能长生。

《老子》第七章

老子是道家学派的代表性人物，崇尚自然之道。在第七章，他由"天长地久。天地所以长久者，以其不自生，故能长生"开头，即从天道（自然规律）出发阐述了人道（社会规律），"是以圣人后其身而身先；外其身而身存。非以其无私邪？故能成其私"。他认为：天地所以能够长久存在，因为它们不刻意为自己而生存，所以能够长久生存。由此得出，圣人将自己放在众人的后面，反而能得到众人的拥护，被推举为领导；危险的时候，他不顾及自己，生命反而能保全。这正是由于他不考虑自己的事，反而成就了自己的事。

老子一席话除了借自然之道"天长地久。天地所以长久者，以其不自生，故能长生"引发出对为人之道的看法之外，也集中表明了他主张顺应自然的中心思想。在表述中，他运用了辩证法的观点，说明矛盾双方是互相转化的，天地不为自己的长存设计，不希求万物的馈赠与保养，却能够长存不朽，从而通过否定而达到肯定。

在写作中，"天长地久。天地所以长久者，以其不自生，故能长生"，可以用来说明人不应该太急功近利，只要顺应规律，自然而然就会臻于佳境，或取得意想不到的效果；可以用来说明，人们尤其是有远大理想、宏伟抱负者，应该宽厚无私、谦退忍让、雍容大度，这样才能成就一番轰轰烈烈的事业，或用来说明凡德高望重、功勋卓著者并不是自封的，也不屑于沽名钓誉，而是无私无畏的，从而自然获得人们的敬服及崇高的荣誉；可以用来说明事物是变化的，矛盾的双方能够互相转化，或引用这几句话来从相反的、否定的方面达到肯定的目的。

文质彬彬

质胜文则野，文胜质则史。文质彬彬，然后君子。

《论语·雍也》

质，本是东西的质地，用以形容人内在朴素、朴实。文，本是各种颜色交错的花纹，用以形容人外在仪表、语言的华美。野，过于朴素之意。史，浮华不实之意。彬彬，指文雅的风度。

孔子认为，质如果胜过文，就过于朴素；文如果胜过质，就显得浮华不实。文和质相互协调统一，也就是说，人的内在的朴素和充实用美好的仪表语言表现出来，美好的仪表和语言又正好表现内在朴素和充实，这才有君子的风度。

这是两千多年前的孔子的向往，也是我们今天每个人的追求。遗憾的是，我们不是"质胜文则野"，就是"文胜质则史"。那么我们在文章中要表达一种理想的人格追求和设定一个理想人格标准的时候，就可以用上这句话。

文、质是古代的一对审美范畴，古人认为，凡是美的东西，一定是文质的协调统一。比如写文章，既要有丰富充实的内容，又要有巧妙的结构和美妙的语言，二者缺一不可。质胜文，文章就干巴巴不吸引人不感染人，再好的内容也没用；文胜质，只见华美的语言和各种技巧，内容空空洞洞，这叫华而不实。因此，我们也可以用这句名言评价文章写作，当作一种标准。

往者不可谏

往者不可谏，来者犹可追。

《论语·微子》

这是春秋时期楚国接舆唱的歌中的一句，意为："过去做的事不能改正了，将来要做的事却可以改变的。"

《论语·微子》篇中记载，孔子打算到楚国去，说服楚王接受自己的政治主张。楚国有一个佯狂避世的人叫接舆，就唱着歌在孔子的车前走过！"凤兮！凤兮！何德之衰？往者不可谏，来者犹可追。已而！已而！今之从政者殆而！"因为凤鸟是超凡之物，古人认为它"有道则见，无道则隐"，所以接舆就拿凤鸟和孔子相比，说天下现在多么的无道，你为什么不隐居而跑出来呢？接着就是这一句"往者不可谏，来者犹可追"，是劝告孔子，你从前东跑西颠，总想推行你那一套，实际上是不可能的，并且这样做也是错误的；从前做过的事已经过去，无法改变，以后要做的还是可以另起炉灶的，不要再想入世、当官、有所作为了，还是隐居吧。接着又大声警告："已而，已而！今之从政者殆而！"意为：赶快停止吧，停止吧！如今从政的人是很危险的！孔子大为震动，下了车想和接舆好好谈谈，可是接舆却一路小跑躲开了他，弄得孔子没有办法和接舆说话。

显然，这是当时的道家思想和儒家思想的冲突。道家提倡无为，对乱纷纷的世道，其处世原则是清心避世，这与儒家的以天下为己任，积极入世的有所作为的主张针锋相对。虽然孔子自己也多次说过"天下有道则见，无道则隐"，实际上并不实行，而是天下越是混乱，越要入世，因此他周游列国，受尽千辛万苦推行自己的主张。所以，孔子想和接舆谈谈，那结果必定是不欢而散。

明白了这句话的背景，我们就知道，"往者不可谏，来者犹可追"这句话原来是劝孔子改变从前的入世作为，以后隐世遁世的。东晋时的大诗人陶渊明，在辞官不做回家务农后，就写了一篇《归去来兮辞》，其中就引用了这句话，表达追悔从前之意和此后乐于归隐之情。

但是我们现在再使用这句话，却很少照顾这句话的原来背景，只表达这一句话所隐含的意思了。要在作文中表达自己做事为人有很多不足的地方，以后下决心改正的意思，就可以用这句话自我勉励，作为一种明智的人生态度。当然，他人做事为人你不认可之时，亦可用这句话规劝和勉励。

不为轩冕肆志

不为轩冕肆志，不为穷约趋俗。

《庄子·缮性》

"缮性"意思是修治本性。《缮性》篇的主旨是要人"以恬养知"，透过内心的恬静以涵养生命的智慧。文中指斥了俗学时风对人灵性的蒙蔽，提出对抗俗学、抵御时风、返璞归真、以恬养知、穷乐无忧的主张，这实际说的是一种精神对世俗的超越。本篇后段，勉人"不为轩冕肆志，不为穷约趋俗"，即不要为荣华高位而恣纵心志，不要因穷困窘迫而趋附世俗，那些丧失自己于物质，迷失本性于世俗的是本末倒置的人。

虽然，《缮性》流露着一种怀古与恋旧的情绪，但"不为轩冕肆志，不为穷约趋俗"实乃人修身养性之要。历史上的许多例子可以证明，许多人做到了这一点，固守信念的凝定，使精神摆脱掉祸福得失、穷达贫富观念和事务的困扰，进而超越出来，或获得了恬淡宁和的心境，或涵养了高洁清正的气节，或培育了独立不羁的风骨。

当你想到陶渊明式的"不为五斗米折腰"的洁身守志者，你就会想起这句话；

当你想到两袖清风、耿介不阿者，你就会想起这句话；

当你想到过去数以万计不为利益所动，不为困境所惧的志士仁人，你就会想起这句话；

当你看到或听到某些人道德沦丧，成为金钱和物质的忠实奴仆时，你不禁要向他们喊出"不为轩冕肆志，不为穷约趋俗"，企图唤醒他们的良知。

总之，这两句话既可用作对人恰如其分的美言，也可作为振聋发聩的警语，更可为修养心性的要诀。

仁远乎哉

子曰：仁远乎哉？我欲仁，斯仁至矣。

《论语·述而》

孔子在许多地方都谈到仁，这里的仁，是一般的意义，即品德高尚之意。这句话可解释为："品德高尚的境界离我远吗？我想要达到这一境界，这一境界就来到了。"

这并不是说，仁的境界是可以一蹴而就，不费吹灰之力就达到的。孔子在这里强调的是主观认识是重要的，要想成为仁义之人，不要希图完全靠外在的力量，如果你在心里没有仁的欲求，没有求仁之心，外在的力量无论怎样强大，也不会起作用。所以孔子非常讲究"诚"，心诚才仁，自觉追求仁，仁就离你不远。

写作中，可以引用它作为一个哲学问题的说明，即内因是变化的依据，外因是变化的条件，外因据内因而起作用。毛泽东举例说，比如一个鸡蛋，要孵成小鸡，当然要有合适的温度和一定的时间做条件，但这些条件非得依据内因——鸡蛋——才能起作用，如果孵的是一个石头蛋，再好的条件也白搭。

在生活中，也可以这样用它：首先说明人人都想做一个品德高尚的人，可是，往往为了一己之私，说到做不到，想到做不到。比如雷锋是一个道德高尚的人，我们谁都想学雷锋，可是年年学雷锋，我们都是在各级组织的号召下做出一些学雷锋的举动，似乎过了这一天，就不用学雷锋了。这样，学雷锋活动，就很容易成为一种形式。关键的问题是，学雷锋首先要心诚，做好事不是为了得夸奖受奖励，而是我们的生命需要。如能做到这一点，雷锋就不需专在哪一天才学，好人就无须专在哪一天才做，套用孔夫子的话，就是："雷锋远乎哉？我欲学雷锋，则雷锋至矣。"

何陋之有

君子居之，何陋之有？

《论语·子罕》

全句是："子欲居九夷。或曰：'陋，如之何？'子曰：'君子居之，何陋之有？'"

夷：落后的少数民族。九夷，春秋时人认为东方有九种少数民族。《论语·公冶长》篇曾记载，孔子因其政治主张难于实现，曾发牢骚说："道不行，乘桴浮于海。"大概乘木筏要去的目的地，就是"九夷"住的地方了。那里是很落后的，所以有的学生就问："陋，如之何？"孔子就非常自信地回答："君子居之，何陋之有？"意为，像我孔丘这样的君子住在那里，任何落后野蛮的地方，都会用礼教改变，还有什么落后的呢？

这一回孔子是否在发牢骚我们且不去管它，孔子是否真的想去九夷也不用管它，这里引人注意的却是孔子在接连碰钉子难遇知音的人生不顺利时，所表现出来的自信。一句"君子居之，何陋之有"的宣言，放大了孔子的人格，也鼓励后人在逆境中在穷困中自强自信，自得其乐。比如唐代的诗人刘禹锡仕途屡遭打击，被贬斥到穷乡僻壤，却写下了名播千古的《陋室铭》："山不在高，有仙则名；水不在深，有龙则灵。斯是陋室，惟吾德馨。……无丝竹之乱耳，无案牍之劳形。南阳诸葛庐，西蜀子云亭。孔子云：何陋之有？"正是孔子人格的感召和自信的放大。

那么，这句名言就可以用来表明我们不以物质享受为人生目的，不因物质条件不好而自惭形秽，心怀高远自强自信的人生态度。在这物欲横流的当今之世，有一点儿这样的豪情和潇洒是很可贵的。

知不知

知不知，尚矣；不知知，病也。圣人不病，以其病病。夫唯病病，是以不病。

《老子》第七十一章

《老子》第七十一章如下：知不知，尚矣；不知知，病也。圣人不病，以其病病。夫唯不病，是以不病。意思是说：知道自己有所不知，最好；不知道却自以为知道，这就是缺点。圣人没有缺点，因为他把缺点当作缺点。正因为他把缺点当作缺点，所以他没有缺点。

这段话反映了老子认识论的一个方面，即他认为人须有自知之明，以虚怀若谷为上，就像有的人（如圣人）并不掩饰自己有所不知，实事求是，不知为不知，笃诚谦逊。有的人一知半解，却不自量力，自以为是，实际上不过是井底之蛙，浅薄鄙陋之徒；有的人知之不多或根本一无所知，却装腔作势，招摇过市，实际上金玉其外，败絮其中，不过是欺世盗名罢了。

这段话言简意丰，在古代是深刻的见解，在今天也堪称精辟的人生警语。

在涉及有关价值判断相对性话题的作文中，可以在说明人认识和行为有限性之后，用这段话表明基本态度，提倡谦虚谨慎，反对狂妄自大。

在探讨古今成才之道的作文中，用这段话来总结他们成功的法门，善于反躬自问，正视无知，甚至不以有知为知，永不知足，所以才会具有不同凡响的才能。

在讨论青年人学风方面的作文中，用这段话建议防止、改变轻浮虚夸、不求甚解、讳疾忌医的风气，要有脚踏实地、不断求索的精神。

在有关社会交往的作文中，将这段话作为观点，主张谦虚通达、用心若镜的修养境界。

文犹质也

> 文犹质也，质犹文也。虎豹之鞟，犹犬羊之鞟。
>
> 《论语·颜渊》

犹：如同、好像。鞟：去毛的皮革。这句话是孔子的最聪明的弟子子贡说的，可解释为："外在的文采就如同内在的质地，内在的质地就如同外在的文采；去掉毛的虎豹的皮革如同犬羊的皮革一个样子。"

这句话是很深刻的。我们已经了解了孔子说的"质胜文则野，文胜质则史"那句名言的意思，这一句说的也是质和文也就是事物的内容和形式的关系，不过更进了一步，是说明了文质必须统一缺一不可之后，又强调了文对质的重要作用。

我们先看打比方的这一句："虎豹之鞟，犹犬羊之鞟。"虎和豹之所以美，威风凛凛，百兽惧之，是因为它们有漂亮的皮毛和花纹；犬和羊之所以不美，不威风，是因为它们的皮毛不漂亮、无光彩。但是，如果去掉虎豹和犬羊的皮毛，使之成为皮革，那么虎豹的皮革也就和犬羊的皮革没有什么区别。因此，"文犹质也，质犹文也"，一个人或事物的外在表现形式就等于他的内在性质，其内在性质又正好表现出外在的形式。比如一个人心灵美好，知识渊博，就必然有美好的举止，潇洒的风度；一个人心胸狭小，孤陋寡闻，就必然表现为形容猥琐，令人望之生厌。又如一篇文章，漂亮的言辞正好表现丰富深刻的内容，丰富深刻的内容正好用美的形式来表现。如果片面强调人的内在本质的重要，轻视外在的表现比如衣饰、举止、风度等，或是片面强调一篇文章的内容，轻视形式的表现，那么就是"虎豹之鞟，犹犬羊之鞟"了。

前人明白这个道理，所以写文作诗，重视内容的挖掘，也重视形式的创造。

人而无信

人而无信，不知其可也。

《论语·为政》

译为："做人不讲信用，不知他的下场如何。"孔子虽然用了"不知"二字，其实态度是很明确的：人而无信，下场可悲。为了表明其态度，孔子接着打了一个比方："大车无輗，小车无軏，其何以行之哉？"大车：载重之车；小车：载人之车。輗，音ní，车，辕端的横木；軏，音yuè，辕端向上弯曲、可以驾车的关键。车无此二者，就没有办法行走，用来比喻人而无信，就在世上行不通。

人而无信，欺骗了别人，最终真相大白，又害了自己，这道理一般人都明白，所以，讲信用就成了做人的基本准则。许多人也常常这样表白："我是最讲信用的"，但仍有许多人经常或有时不讲信用，这都是由于私利的缘故，因为不讲信用会暂时占便宜。而仔细算起来，出于私利占人便宜而不讲信用的人，最终都要付出双倍的代价来补偿，或者说社会对无信之人的惩罚是双倍的。因为不讲信用会起连锁反应，所谓"一条鱼搅满锅腥"，弄不好会败坏整个社会信用，那样的话社会就危险了。因此社会为保证其正常运行，对无诚信的人和行为的惩罚一定要超出他应该得到的。这完全合理。

所以，即便我们开玩笑，也千万不要拿诚信开玩笑，大家都知道"狼来了"的故事吗？

西子不洁人亦恶之

西子蒙不洁，则人皆掩鼻而过之；虽有恶人，齐戒沐浴，则可以祀上帝。

《孟子·离娄下》

孟子承认美貌是人所希望得到的，并认为这属于人正常的心理欲求；但同时指出人只有通过内在的人性美来体现天赋的外形美才是完善的，而人的内在美与外在美相比较，内在的美尤为重要，所谓"充实之谓美"。他曾这样说："西子蒙不洁，则人皆掩鼻而过之；虽有恶人，齐（同"斋"）戒沐浴，则可以祀上帝。"意为：西施的身上要是沾上肮脏的东西，人们遇到她也会掩着鼻子走过去；即使是相貌丑陋的人，只要他（她）斋戒沐浴，也可以去祭祀上帝。西施是我国古代春秋时期越国的美女，有沉鱼落雁之容，闭月羞花之貌，即使如此，如果她身上沾有污秽恶臭的东西，人们决不会因为她的美貌而不去讨厌她身上的脏物；而有的人尽管相貌不堪，但如果卫生整洁，彬彬有礼，坦诚好善，那他一样会赢得人们的喜爱和尊敬。

孟子在这里很客观地说明了形体给人造成的视觉冲击会使人产生本能的美丑体验，而另一方面，更深入地阐发了人的内在修养对人的外在美丑的超越，也就是要人注重塑造完美的人性道德，散发永恒的人格魅力。这几句话深入浅出，言近旨远，对于今天人们确立正确的审美观，培养高雅的审美情趣和高尚的道德情操，颇有教益。

在展开人格讨论的作文中，可以以"西子蒙不洁，则人皆掩鼻而过之；虽有恶人，齐（同"斋"）戒沐浴，则可以祀上帝"所说的为例证，说明人格美高于形体美，形体美不能取代人格完善的论点；在谈论审美问题的作文中，可以用这几句话表明积极的审美观是内视的，关注的是人内在虚实的观点，并告诫那些重色好色、自恃美貌者端正心态，提升人格，培养健康的审美态度；在论述人的文化素质的作文中，引用这几句话说明当前一些外表时尚的靓女酷哥空有一副好皮囊的现况，敬告他们尽快充实自我，提高文化修养，特别要粉碎那种感官层次的偶像崇拜。

终身之忧

> 君子有终身之忧，无一朝之患。
>
> 《孟子·离娄下》

孟子认为行仁行礼的君子"有终身之忧，无一朝之患"，即君子有终身的忧虑，没有一时的担心。为什么呢？孟子进一步解释说，至于忧虑的是：舜是人，我也是人，舜能够成为天下人效法的榜样而名传后世，而我仍然不免是一个乡里的普通人。这些才是值得忧虑的事。忧虑这些怎么办呢？向舜学习就行了。至于别的忧虑，君子就没有了，不仁的事不做，无礼的事不干。这样，万一有一天遇到突如其来的祸患，君子也不会感到痛苦了。

在这里，孟子说出了自己的"终身之忧"。拿自己与舜作比较，同样是人，自己却远不如舜，差别在哪里？不是物质的，而是事业的。舜在事业上取得了成功，成为了为天下人取法的圣人，而自己却没有成就舜一样的辉煌事业，仍不过是一个凡夫俗子。至于"一朝之患"，君子按照仁义行事本不当招致祸患，而祸患如果真的降临，那将一定不是君子的过失，而是不可操作的命运的安排；这样，君子反视内里坦荡无欺，良心安泰，身外的祸患就不成为祸患了。

可见，孟子的这两句话涉及两方面的问题，一是事业方面的，一是做人方面的。就前者而言，孟子的观点是：事业在人生中占据着至关重要的地位，事业大小在极大程度上决定着一个人的价值大小；就后者而言，孟子的观点是：一个人活着，只要做到了仁善礼义，就会获得内心的安适，外界的任何不虞之祸在内心安适的人看来是无所谓的，因为他已践履了他最为珍视的道德信条。这表明孟子是一个有强烈事业心的人，也是一个重视内求的人。这就告诉后人，非凡的人要成就非凡的事业，要有一颗本真脱俗的心。

在写作中可以用"君子有终身之忧，无一朝之患"这句话，显示事业在人生中的重要地位，表明修养人格所能达到的超然心态；也可来告诫某些胸无大志、患得患失的人，要学做"有终身之忧，无一朝之患"的君子；还可来警示某些目光短浅、唯利是图的当道者、掌舵者、操刀者，不要因为想摆脱利欲的"一朝之患"而忘却了大丈夫的"终身之忧"。

欲可近尽

欲虽不可尽，可以近尽也；欲虽不可去，求可节也。

《荀子·正名》

尽：满足。节：节制。这句话可译为："欲望虽然没有尽头，不可满足，却可以接近满足；欲望虽然不可去掉，但却可以对它加以节制。"

人首先是一个肉体生命，有生命即有欲望；所谓欲望，从根本上说，是食色二字。若压抑人的基本欲望，就是压抑生命。但是，人的这种欲望又与动物极其不同，即它是很难满足的，或者说，人是一种不满足欲望的动物。然而，放纵自己的欲望，人又会异化为真正的动物，为人所不齿。因此法国大文学家雨果曾有名言说："人有两种痛苦，一是不能满足欲望，二是欲望得到满足。"人永远也摆脱不了欲望的纠缠。对待欲望，一切宗教，加上先秦时期许多思想家，都采取了压抑甚至取消的设想，以此拯救人心，荀子却不这样。首先，他承认了人是有欲望的，欲望是不能去除的，这就是承认了人的正常的生命需求；但同时，人又不可以放纵自己的欲望，受欲望的摆布，而应该加以节制。欲望应满足到什么程度才好呢？"近尽"可也。这意思就是说，它能基本满足人的生命需求就可以了，决定人之为人的关键，仍然是精神和灵魂，是高超的精神和灵魂对肉体欲望的超越。荀子这一句名言，可算是既温和又严正的规劝。

人谁无过

人谁无过？过而能改，善莫大焉。

《左传·宣公二年》

从小到大，我们犯过多少次错误，恐怕早已记不清了，对于犯错、改错，让我们听听《左传·宣公二年》中是怎么说的，它告诉我们："人谁没有犯过错误呢？知错后能够改正，没有什么善行比这更大了。"这话原是当时晋国大夫士季说晋灵公的，灵公是个有名的昏君，草菅人命，鱼肉百姓。士季去进谏，灵公抢先说："我已知错，今后一定改之。"士季听后很高兴，就说了这句话。当然灵公并没有丝毫改过，行恶如常。不过士季的这句话，因其言简意赅，成为传诵千古的箴言警句。

士季的这句话所以能够流传很广，想来在于它所肯定的这种知错就改的态度，是人们所积极提倡的。而且它对犯错误者采取了劝勉、鼓励其改正的方法，而不是严厉地批评与指责。这就使人们能够在日常生活中利用它来帮助、教导别人。其实真的像它所说，因为每个人都有局限，所以在学习、工作和生活中犯错误是在所难免的，关键在于怎样去对待自己的错误，是文过饰非还是知错就改。只要能够知错就改，吸取教训，也没有什么大不了的。前人有许多类似的话。如孔子曾把人犯错误比作日月之食，指出如能及时改正，就会得到别人的尊敬。在明代杨慎收集的《古今谚》中也有"惑者知反，迷道不远"的精辟论述，这一切都表明了人们对知错能改者以一种鼓励、赞赏的态度而待之。

这句话因其所揭示的道理明确而集中，所以在作文之中使用的范围也就很清楚了。在涉及改正缺点、错误问题的作文，如"论知错能改""如何对待错误""我们是怎样成长的"等等题目时，这句话都可以用作文章的论点或理论论据。

性本恶

人之性恶，其善者伪也。

《荀子·性恶》

伪：人为教化。此句可译为："人性本来是恶的，表现出善的一面是人为教化的结果。"

这就是荀子的著名的"性恶说"。荀子认为，人生而具有食色等自然欲望，而天下的财物又不能充分满足每个人的需求，因此必然你争我夺，弄得社会无秩序，这都是人性恶造成的。那么怎样才能使人性向善，社会稳定太平呢？显然，不能像宗教那样，试图泯灭人的自然需求，即"戒欲"，因为那么一来，人的生命力就没有了，社会缺少起码的活力，这样的"秩序"要不得。荀子改造人性恶的方法是，加强社会人伦教化，使人具有仁义礼智信的道德良知；同时，加强社会制度的管制功能，使向恶之人因惧怕而弃恶向善。

对比一下孟子提出的"性善说"，就知道孟子强调个人的道德修养，荀子强调外在的社会人伦教化，但他们又都强调后天的努力是向善的关键因素，因此"性善说"与"性恶说"又是殊途同归的。但无论如何荀子的学说似乎更具有积极的意义。他先认定人性本恶，再想办法从社会规则上改造这个恶，因此他更具儒家重视人为、积极进取的入世精神。

因此，"人之性恶，其善者伪也"这句名言，不仅自成一说，而且至今也有警世诫人之用。

忠言逆耳

忠言逆耳利于行，良药苦口利于病。

司马迁《史记·留侯世家》

这句话告诉我们"忠告虽然不好听，却对行事有利；良药虽然不好吃，却能治病"。这句话强调的是正确的批评对人有匡正作用，提醒人们要善于听取批评意见。在《史记》中，它本是张良劝刘邦的话。大家都知道是刘邦第一个攻破秦都咸阳的，进城之后见到无数美女、珍宝，这位小吏出身的帝王就想尽情享乐一番，身边偏有个将军樊哙进谏，不让他如此，刘邦没有听。张良知道后又去劝说，并说出这两句话，力劝刘邦听从樊哙的谏言，不做扰民之事，还军霸上。当然，刘邦听取了劝告，也因此赢得了民心，成就了帝业，同时张良的这句话也流传开来，经常挂在我们的口头上。

人无完人，每个人都难免会犯错误。中国的古人非常赞赏听取他人意见，及时改正错误的行事方式，不少人都说过与此相关的名言。不过在现实生活中，并非每个人都能如此行事，诚如这句话中提及的"忠言逆耳"，忠言常常是不中听的，因为它要指出缺点、不足，许多被指出的人很难高兴地接受，然而它虽不中听，却能达到纠正缺点、错误的效果，使人更快地提高。司马迁为了更生动地说明这个道理，还在这句话中特意加了一个形象的比喻，大家得病了只有吃药才会很快治愈，药虽吃起来苦，却能及时治病，不至于耽误病情以致受更大的痛苦。忠言、批评，就像药一样，它可以使我们不会犯更大的错误。

在我们写作之中，如果遇到了谈及如何对待批评意见的话题，如要善于听取意见，由治病吃药所想到的等等题目，这句话可以作为文中论点或论据出现，是相当精警有力的，当然，这之中也包含了谈领导干部如何面对群众意见的话题。

山林不能给野火

山林不能给野火，江海不能灌漏卮。

王符《潜夫论·浮侈》

东汉的王符是一个喜欢对现实政治说点儿什么的隐士，偏偏又生了一个哲学家的头脑，于是对当时统治阶级的骄奢淫逸生活难免要规劝一番，在其著作中他说了这句话："山林不能让野火烧个够，江海永远也灌不满一只有漏洞的酒杯。"完全用比喻的手法来阐明道理，告诫人们尤其是统治阶级，奢侈浪费就像焚林的野火，再大的树林也禁不起它来烧，就像有洞的酒杯，再多的水也灌不满它。没有任何说教，就已十分生动地揭示了统治阶级奢侈浪费的危害性。他们挥霍的是百姓辛勤创造的财富，这些财富就像森林、大海，从一棵棵树木、一条条细流日积月累才形成的一样，积聚了百姓无数的血汗，而一旦挥霍起来就像野火焚林一样转瞬就消失了。

王符的话深刻而令人警醒，具有普遍的意义，铺张浪费对于任何人来说都有极大的危害性，不唯对统治阶级如此。而勤劳节俭是我们民族的传统美德，发扬传统、反对浪费具有普遍而深远的意义，王符的话在今天仍有警示作用。昔日封建官僚、帝王们奢侈浪费消耗百姓的血汗，被许多有识之士批评、指责，今天社会上那些挥霍民脂民膏的有权有势的人，就更应该被唾弃和指责了。

王符这句话可以用在提倡节俭、反对浪费的话题之中，以表明铺张浪费的危害之大，提倡节俭的必要性；还可以用在反腐倡廉的题目之中，贪官污吏的腐败行为，就是在挥霍百姓的钱财。此外，这句话也不失为对贪心私欲的形象比喻，在批评贪心私欲的文章中也可借来一用。

静以修身

静以修身，俭以养德。

诸葛亮《诫子书》

这是三国时蜀国丞相诸葛亮说的一句话，诸葛亮以此来教育自己的儿子。这也可以说是他的人生经验。它指出了修养自身的根本所在"使自己的内心保持平静，对外物无所欲求，以此来修身。提倡节俭，反对奢侈浪费，以此来培养德行"。作为三国中蜀国的开国功臣，一代贤相，诸葛亮可谓位高权重，这样一种地位就意味着，他较常人易获得更丰富的物质享受。而此句中所强调的寡欲与节俭，联系他的身份处境，正是他所必需却极易缺少的。我们可以看出在荣华富贵面前，他始终保持了清醒的头脑和优良的品质。

诸葛亮的这句话千百年来影响了无数封建社会中的文人政客，在他们的心目中，诸葛亮就是儒家思想中理想人格的典范，是他们心向往之的榜样。这样一句充分体现诸葛亮高尚人格的话也自然成为他们中许多人的人生座右铭。其实这句话放在今天依旧有其现实意义，对于我们每一个人，尤其是那些身居要位的人来说，它都在时刻提醒大家保持节俭的作风，面对诱惑要有清醒的头脑。

在我们写作中时常会遇到提倡节俭这样的话题，诸葛亮的这句话正好可以引用进来，借以强调这是我们民族的传统美德，像诸葛亮这样的封建官吏尚知如此，更何况我们呢？又由于它是出自于一位封建社会的贤相之口，虽难免有局限性，却不失为为官者的很好借鉴，所以在探讨有关为官之道的文章中，当然也包括了诸如廉洁奉公、反腐倡廉之类的题目，它都不失为一个很好的论点和理论论据。此外，在那些谈及修身养性的文章中，这句话也是很不错的人生经验。

勿以恶小而为之

勿以恶小而为之，勿以善小而不为。

陈寿《三国志·先主传》

这句话出自西晋的陈寿。它的意思是说"不要因为这是一件很小的坏事就去做它，也不要因为这是一件很小的好事就不去做它"。这句话是刘备留给儿子阿斗的遗言中的一句。它阐释的是一个做人的道理，事情的性质不因其大小而发生变化。我们行事时，不应以大小为标准，而应以善恶为标准。我们不应该轻视那些小事，认为做或不做都不伤大雅。实际上，再小的坏事也是坏的，当你做了，你的品质就受到了影响；再小的好事也是好的，当你做了，你的为人也会因此而增色。而且任何事物都会有一个由小到大、由弱到强的发展过程，所以我们不能不在意那些小事情，须知好人好事要从点点滴滴做起，坏人坏事也是从细微处发展起来的。

这句话虽出自封建帝王之口，却反映的是一种达成共识的认识，即在为人处世之时，要严格遵从是非准则，不能因为事情太小而放松对自己的要求。这样一种做人做事的原则无论在过去还是现在都是很有意义的，它曾提醒过很多人少走弯路，如果我们能牢记并切实依此去做，也将会在人生道路上少犯错误。

当然这样一句话，不仅给我们以重要的人生启迪，指导我们如何做人，而且在作文之中也大有用武之地。首先，它可以用在那些谈论做人的文章之中，如论善恶、论严于律己等等题目，它是很好的论点，也可做理论论据来使用。其次，在谈论防微杜渐的题目中，它也可以出现在行文中，表明一种正确的态度。此外，它还可以出现在反腐倡廉的题目中，因为许多官员的腐败都是从一点点小事开始，慢慢被人拖下水的，所以这句话也不失为一种正确的为官原则。

一言为重

一言为重百金轻。

王安石《商鞅》

北宋政治家、文学家王安石，很推崇战国时秦国的革新家商鞅。他用"一言为重百金轻"这句话，来颂扬商鞅取信于民的作风。据说，商鞅在制定了新法但还未公布时，为了取信于民，曾在国都南门立了根大木桩，说谁能把木桩搬到北门，就赏给十金，人们都不相信，没人敢去搬，商鞅又下令把赏金加到五十金。这时有个胆大的人把木桩搬到了北门，果然得到了商鞅的五十金赏金。这样，商鞅赢得了人们的信任，新法一公布，很快就实行开了。王安石这句赞语的意思是说，商鞅不在意百金，却看重自己的一句承诺。

商鞅的这种取信于民的作风深得后人的赞赏。他以这一行动显示了自己的诚信态度，更重要的是，他以此赢得了百姓的信任，获取了使他的新法得以施行的通行证。这正是他的聪明之处。王安石以"一言为重百金轻"来形象地概括商鞅取信于民的作风，言辞精简又通俗易懂，故后世多为传诵。人们常用其强调遵守自己的诺言的重要和可贵，在为政上，用其说明政策、法令一经宣传，就要不折不扣地兑现，不能令而不行，甚至朝令夕改。在为人上，用其说明为人要诚信，大丈夫一言既出，驷马难追，许下的诺言一定要兑现。在经商上，用其树立自己的企业形象，强调企业的诚信精神，不作虚假的广告宣传，重义而不重利。

在作文中，"一言为重百金轻"这句古语应用范围很广，如在与道德修养有关的作文中，它可以用来形容为人品行端正、信守诺言；在与社会现象有关的作文中，它可以用来说明应取信于民，以反对令而不行或朝令夕改，以及为谋图暴利而欺诈消费者的奸商行径等。

不以物喜

不以物喜，不以己悲。

范仲淹《岳阳楼记》

"不以物喜，不以己悲"语出自宋代著名文学家范仲淹的《岳阳楼记》，这句话的意思是说，不因为环境顺心就高兴，也不因为自己失意就悲伤。

范仲淹的这句名言作为对信念坚定者的生动写照，以其超然物外的精神深入每个中国人的内心。只有那些经过千锤百炼，政治上有抱负，道德上有修养的智者才能获取这样的人生真谛。他们的信念不会为环境所左右，他们的思想不会为境遇而动摇，他们的感情也不会为主客观条件而游移。总之，他们的喜和悲不决定于境遇的好坏与个人的得失。这是一种至上的人生境界，千百年来，它鼓舞着人们在逆境中鼓起勇气去克服外在的不利条件，而不要沉溺于哀伤和叹息；它警示人们在顺境中定要时刻居安思危，再接再厉，而不要自鸣得意。即使在商品经济大潮日益澎湃的今天，它也仍以其深邃的哲理性催人深省，只有具备这样一种坚忍不拔的精神，这样一种开放、坦荡的胸怀，才能在竞争激烈的时代潮流中立足。

范仲淹的这句名言在中学作文中适用范围很广，如在与意志、情操、理想、道德有关的议论文中，可以将其作为立志的目标，用以说明一个有坚定信念的人的思想感情不会为环境所左右，进而围绕着这一中心论点来组织材料。也可将其概括为一种超然物外的人生态度，在作文中作为论据使用。例如我国当代著名作家孙犁在《伙伴的回忆》中曾这样引用："我不知道（侯）金镜在的地方，是否和洞庭湖一水相通。我现在想到：范仲淹……所倡导的先忧后乐的思想，能对在湖滨放牧家禽的人，起到安慰鼓舞的作用吗？金镜曾信服地接受过他那'不以物喜，不以己悲'的劝诫吗？"总之，这句名言经典、浅显，如恰当运用，会收到很好的效果。

人生追求

业传不知其尽也

指穷于为薪，业传也，不知其尽也。

《庄子·养生主》

《庄子·养生主》里讲道：老聃死了，秦失作为老聃的朋友只哭了三声就出来了。于是，有人问秦失，既然是老聃的朋友，怎么可以这样吊唁？秦失则认为：正该来的时候，老聃应时而来；正该去的时候，老聃顺理而去，他所禀赋的生命长短由无可逃避的自然决定，具有不可逆转的必然性。人对这种必然性应采取顺应的态度，安心适时而跟随变化，哀乐的情绪就不能侵入心中。这样，秦失也就说明了他只哭了老聃三声的原因。

以上篇末的结语为"指（同'脂'）穷于为薪，业传也，不知其尽也"，意思是："烛薪的燃烧是有穷尽的，火却传续下去，没有穷尽的时候。"此话接上文，比喻由生而死，不过完成一种转化，不必悲哀。在庄子看来，死亡这一人生大限是必将到来的，而人有从这种大限中、这种人生根本困境中超脱出来的意向。这种超脱不是谋求形体的永生，而是对形体变化趋向和最终归宿的认识、理解，这便是庄子提出的"以死生为一条"（《德充符》）、"死生存亡之一体"（《大宗师》）的观点，这也就是秦失对于老聃的死并不悲哀的原因，也构成"指穷于为薪，业传也，不知其尽也"的理论依据。

随着时代的发展，对于"指穷于为薪，业传也，不知其尽也"，我们完全可以换个角度去理解：一个人的形体虽然不存在了，但是他的影响却可以延续下去。

当你写到那些曾为人类造福者，他们的生命虽然结束了，可他们给人类带来的福利却让人享用不尽。

当你写到那些不惜为崇高信仰孜孜以求者，他们即使到了生命的尽头，可他们的精神鼓舞和启示却是代代生新。

大音希声

大音希声，大象无形。

《老子》第四十一章

老子是中国古代具有辩证法思想的重要代表人物。他通过对自然的关注和对当时社会现象及个人经历的深刻体察，总结规律，形成了自己的辩证法思想体系。老子的辩证法思想内容丰富，矛盾的对立和相互依存的思想是其一。有人统计，《老子》中用了六七十个概念来说明事物及其对立，如有无、多少、祸福、荣辱、智愚、静躁等，同时也对其矛盾对立关系进行了不同程度的说明，如"（故）有无相生，难易相成，长短相形，高下相倾，音声相和，前后相随（恒也）"（二章），归纳出有无、难易、长短、高下、音声、前后这几组矛盾的双方，是既相反又相成的关系。

"大音希声，大象无形"是老子用来说明"道"的特点的佐证，而单就这句话而言，也是老子说明矛盾双方既互相依存又相反相成关系列举的两组例子：最大的声响，反而听来无声；最大的形象，反而看来无形。老子在这里描述的是人视听中特殊的感觉体验，超常大的声响，超出了人们通常的收听范围，打破了人们通常的收听习惯，听到了却仿佛没听到；超常大的形象，超出了人们通常的收看视野，打破了人们通常的收看定式，看到了却让人不以为看到了。"大音希声，大象无形"是许多人有过的超常规体验，但并不是所有人都能道出这般富有启示性的经典话语，进而提出矛盾对立统一的辩证法思想。

"大音希声，大象无形"是一种直观的描述，这是由当时的思维水平决定的。但是，这无疑又是一种极富哲理意味的阐发。它出于经验又超越了经验本身，它浸透了理性而并未进行理性的解说，这是由老子本人思维具有的高度超越性决定的。这句话经常被人引用，尤其是近些年来一些探讨艺术理论的著作或文章中频繁出现，甚至引来一些知名学者不厌其烦的论证及解说。可见，这八个字的价值含量之大。

在有关理想、志向题材的作文中，用这句话说明默默实践是关键，崇高的理想、远大的志向无须人为制造声势，它是在自己悄无声息、别人不知不觉的情况下付出超常代价实现的。

在涉及道德、情操问题的作文中，将这句话作为观点，即伟大、高尚的道德情操并不一定就表现在感天动地的壮举中，它常孕育在被人忽略的平凡小事中。

在论说关于文学、音乐、绘画、建筑、舞蹈、电影等艺术形式的作文中，引用这句话来示意艺术的至高境界的特点，即如老子所说"大音希声，大象无形"，使人忘却了艺术形式本身而完全沉浸在艺术所营造的氛围中。

无所用心

饱食终日，无所用心。

《论语·阳货》

这句话是《论语》中孔子对无所追求的人的批判性观点之具体表述，其含义为："吃饱了饭，整天什么事也不干。"

衣食住行是人类最基本的活动，除此之外，人们还要从事生产活动，这是人类区别于动物，建立社会的重要特征。然而生活中有些人就是仅仅满足于衣食之需，无所事事，既不劳动，也不为别人奉献什么，更没有高尚的精神追求，这种人根本就是行尸走肉。因为人是社会性的动物，在除了要满足自身的生理需求外，还要有为社会承担义务的一面。吃饱了饭而不劳动，是将自己等同于动物的一种生活状态。

人类社会的不断发展，就是要靠每个人的不懈努力才得以进行的。一个人如果无所事事，就会成为社会的寄生虫、社会的垃圾，只会阻碍社会的发展，古今中外在传统道德上都反对这种人的存在。然而现实社会中仍然存在一些类似两晋时期腐朽的士族阶层的人，他们仍然过着行尸走肉、尸位素餐的生活。

我们对于这些四体不勤、好逸恶劳的人，就是要给予抨击，在社会上形成一种舆论：多劳多得，少劳少得，不劳不得。顾炎武曾说过："天下兴亡，匹夫有责！"与其做一个为世人所唾弃的寄生虫，还不如尽心尽力地去参与社会实践而坦荡荡活在人世间。

我们还可以用自己的文章引述这句话来表达自己的观点，论述一些与引文相关联的问题。

一、饱食终日，无所用心的人最终会被社会所遗忘，只有肯为他人及社会做出贡献的人才能被历史铭记。

二、天下的兴亡、社会的发展与每个人都息息相关，所以我们每个人都不能推卸作为社会人的义务。

由上述文字可见，一些古代的名言警句如果能够被恰当地运用，就会收到润饰的效果。

富而可求

富而可求也，虽执鞭之士，吾亦为之。如不可求，从吾所好。不义而富且贵，于我如浮云。

《论语·述而》

前一句解释为："如果富贵是可以求取的，即使从事卑贱的职业，我也愿意去做。如果不可求，就去做我喜欢的事。"后一句可解释为："不符合道义得到的富贵，对于我就像浮云一样毫无价值。"

一般地说，这两句谈的都是义和利的关系。许多人认为，孔子重义轻利，这种说法是正确的；但必须注意，只有在义和利发生冲突不可兼顾的时候，孔子才旗帜鲜明地重义轻利。不是这种情况，即义利不冲突时，孔子并不轻利，"富而可求也，虽执鞭之士，吾亦为之"就是明证。这毫不奇怪。孔子一生重视人事，渴望有为，甚至"知其不可为而为之"，这种强烈的入世精神敦促他坐着牛车，周游列国，目的就是为国君所用，施展安邦定国的才能。"执鞭之士，吾亦为之"不过是表达自己积极入世的态度，倒不是真的去做。那么，孔子这句话中透露出来的积极入世渴望有为的人生态度，还是值得我们学习的。比如我们日后求职，就可以用这句话表达我们的心情。如果求之不得不能富贵呢？那也不值得懊丧，"从吾所好"罢了。孔子的"从吾所好"是以读书授徒为乐，最终成为名垂千古的大思想家、大教育家。我们呢？

如果一边是"不义而富且贵"，一边是孔子视为生命的人格操守和道义责任，二者尖锐冲突，不可能兼得，孔子的态度也同样明朗："不义而富且贵，于我如浮云。"说得何其坚决，何其潇洒；孔子一生，真正是坚守了这一道德原则，安贫乐道，胸怀天下，此之谓"圣人"。

我们可以在谈道义、谈义与利的文章中用上这句话。

我们也可用这句名言表达我们的人格操守和道义原则，蔑视、批评那些"不义而富且贵"的寡廉鲜耻之徒。

岁不我与

怀其宝而迷其邦，可谓仁乎？好从事而亟失时，可谓知乎？日月逝矣，岁不我与。

《论语·阳货》

这三句都是阳货反问和劝导孔子的话。阳货，名虎，春秋时鲁国人，曾是季氏家臣，后来把持周政。因为这个缘故，孔子不愿和阳货来往，也不愿在鲁国从政。阳货想结交孔子，又不能亲自登门而降低自己的身份，就趁孔子不在家，送给孔子一只猪腿做礼物，这样孔子就得到他那儿去拜谢。孔子也很有心机，打听到阳货不在家时去拜访，这样既见不着面又完成了礼节。可是没想到孔子在路上遇见了阳货，这样两个人必须对话了。阳货先问："一个人怀抱才能，却不想为国家出力而迷惑，算得上仁吗？"孔子只能回答："不可以。"阳货再问："一个人本来喜爱从政却因迷惑多次失去机会，算得上有智慧吗？"孔子还得老实回答："不算。"于是阳货规劝孔子："日月在流逝，时光不等人呀！"孔子被说服了，说："是的，我打算出仕了。"

这样，后人就从上面这一大段对话中提炼出了三句名言。

当一个人，胸怀才能，或因为懒散，或因为不负责任，不想或没能施展自己的才能为社会做贡献的时候，我们就可以这样反问："怀其宝而迷其邦，可谓仁乎？"或者一个人留学国外，掌握了先进的科学技术知识，是贪图国外的优裕的生活还是回国报效，为此犹豫不决之时，我们也可以借这句名言给响鼓以重锤："怀其宝而迷其邦，可谓仁乎？"同时，"怀宝迷邦"又是一个成语，意义与这一句相同。

同样，当一个人有才能，也有为社会服务之心，可就是抓不住时机，因此不能成功，我们也可以这样评价、感叹、提醒："好从事而亟失时，可谓知乎？"

尤其是"日月逝矣，岁不我与"一句，更为人熟知，用处更多。我们可以用它感叹人生短暂，功业难成；也可以用它自我鞭策，劝期自励；还可以用它表达一种规劝之情，委婉地告诫虚度时光的人珍惜生命，早有作为。

未知生，焉知死

季路问事鬼神。子曰："未能事人，焉能事鬼？"敢问死。曰："未知生，焉知死？"

《论语·先进》

这两句话是孔子与其弟子季路的问答。事：侍奉之意。上文可译为："季路请教如何侍奉鬼神的事。孔子说：'不能很好地侍奉人，哪里谈得上侍奉鬼呢？'季路又问关于死亡的事，孔子说：'不懂得怎么活，哪能知道死呢？'"

春秋时期，人们还是相当迷信的，笃信鬼神的存在，惧怕死亡，竭力想弄懂死亡究竟是怎么回事，以及如何摆脱死亡的恐惧等等，因此才有季路的发问。孔子也相信鬼神的存在，也认为死亡是人生的大事，但他却坚决地把这一类问题搁置起来，所谓"子不语怪、力、乱、神"。以致学生郑重地问到头上来，他也不谈不论，甚至用反问的语气表达对此类问题的不耐烦。这是因为孔子是一位坚定的现实主义的思想家，他认为一切学问、思想和人生作为都应该瞄准人事、人世，考虑如何把混乱的世道治理得有秩序，使每一个人安守本分，不断提高德行品格；而这一重大使命必须由知识分子来担当，倘若知识分子一味关心鬼神、死亡一类不切实际的问题，那就偏离了正道。从这里我们可以看出孔子的强烈的入世情怀，不得不佩服他一心扑奔当世不能实现的理想的执着和坚定。即便在今天，孔子的这两句名言也有警世的作用。可以用在作文中告诉人们小到一个人的一生，大到一个国家的发展，必须从现实出发，关心如何生存发展，若耽于虚无缥缈和不可解释的一类事，于国于家不利。

当然，我们站在现在的历史高度上，思考当年孔子对其学生的回答，也有不尽相同之处。可以在作文中予以创造性应用和发挥。科学的发展早已使鬼神的谎言破产，现在谁还相信鬼神的存在呢？所以"未能事人，焉能事鬼"这一问题已解决了。但也不尽然，因为"鬼者归也"，"事鬼"则指祭祀死去的亲人，那么我们一方面脚踏实地地"事人"，另一方面也不该其实也不能忘却对逝去的亲人的悼念。至于"未知生，焉知死"，我们也可以再反过来问，反过来理解："未知死，焉知生？"因为一个人"知死"，即是懂得生命有限，死亡是不可避免的，那么由此来看"生",就会更加珍视生的可贵、生的短暂,应努力在短暂的人生中活出光彩。

割鸡焉用牛刀

夫子莞尔而笑,曰:割鸡焉用牛刀?

《论语·阳货》

莞尔:微笑的样子。可翻译为:孔子微笑着说:"杀鸡还用牛刀吗?"牛刀,杀牛用的刀。

"杀鸡焉用牛刀",我们耳熟能详,这句话就出自孔夫子之口。这里还有一个有趣的故事。孔子的学生子游做管理武城的官,有一次孔子到武城去,听到城中的百姓弹着琴,歌声一片,很是悦耳。孔子特别高兴,因为子游以礼乐教导民众,民众弹歌,表达他们的喜悦和仁爱之心,这是孔子朝思暮想的事。可是武城太小了,用礼乐教化民众,这真是用大力气得小结果,孔子就和学生开了一个玩笑,隐含的意思还有,子游任武城宰是大材小用。子游却庄重地回答:"从前我曾听先生这样说:'君子学道就懂得爱人,小人学道就容易被管理。'"意思说,武城虽小,我也是听从老师的教诲才治理得很好的呀。这里的"小人"不是指坏人,而是指老百姓。孔子听了,很是赞许,郑重地说:"二三子!偃之言是也。前言戏之耳。"意思是说:"学生们!子游的话是对的,我刚才是开玩笑罢了。"二三子，孔子称呼学生；偃，就是子游。

了解了这段话，我们不仅可以知道"杀鸡焉用牛刀"这句话的出处，而且懂得了它的用法。当我们认为一件小事情不需要花大力气和用很高级的人才的时候，就可以用这一句话表示我们的豪气。当然，我们必须知道，世间万事万物，虽然有大有小，但有时小事也是难做的，往往我们不失败于大事却失败于小事，倘若我们用这句话表示我们轻视做小事，那往往会显示出我们的肤浅，弄不好就是志大才疏，徒剩狂傲了。

此外，由这一句话我们了解了孔子和学生的整段对话。还可以另有收获，那就是两千多年前师生之间的亲切平和、三句话不离本行的关系。

愚不可及

邦有道则知，邦无道则愚。其知可及也，其愚不可及也。

《论语·公冶长》

我们熟知"愚不可及"这一成语，而且知道那"愚蠢到了极点"的贬义，但在这一成语的出处中，也就是孔子所使用这四个字的原本的含义中，却不是这个意思，甚至有正好相反的意思。

这句话原是孔子用来评价甯武子的处世原则和人格操守

的。甯武子，名俞，春秋时卫国大夫。据《春秋传》记载，在卫文公、卫成公时，武子均出仕为官，是两朝元老。文公是有道之君，当政时国泰民安，武子无事可做，乐得逍遥。可是成公却是一个无道昏君，不仅不能安民，甚而至于失国。国家大乱，此时聪明智巧之士纷纷隐居不出，全身避害，只有武子挺身而出，尽心竭力，周旋其间，不避艰险。于是孔子评价他说："甯武子在天下有道之日就聪明地避世求安定，在天下无道之时却不聪明地独力支撑。他的智慧是别人可以赶得上的，他的'愚钝'却是别人赶不上的。"显然，孔子在这里高度评价了甯武子以天下为己任的处世原则和特立独行的人格操守，而"愚不可及"四字也和我们现在的理解完全相反，它不是贬义的，完全是褒义的。

的确，作为一个可赞许的人来说，当天下升平，人人都想显示自己身手的时候，他为什么非要随大流显示自己不可多得的存在呢？自得其乐并且静静地在一旁观赏别人的快乐而快乐不是更有品位吗？可是，当天下混乱、危机四伏之时，许多人为了保全自己，纷纷避世求安之时，他不顾个人安危，撑大厦于将倾，挽狂澜于既倒，这样的人就是"愚不可及"的志士仁人，特立独行的一世英雄！孔子的议论真是警策！我们在作文中提及这样的人物，可以引用这句名言盛赞他们。

我们还可以引用这句名言来分析平凡生活中的人。如，一个小偷被众人捉住、扭送派出所之时，你是否也要添加上本无须再添加的一只手扭住，雄赳赳地去分享胜利果实？而当一个弱者被强徒欺侮，众人或躲避或围观之时，你敢"愚不可及"地冲上去主持正义、打抱不平吗？此时，就是"其知可及也，其愚不可及也"。

当然，词语和名言在流传使用过程中，不可避免地要发生意思改变的现象，那么我们也完全没有必要与现实语义相对抗，直接用"愚不可及"表达"愚笨到了极点"的贬义好了。

但是，像"愚不可及"这四个字的意思的完全倒转，是很少见的，也是很有趣的现象。

那么要注意，表达这四个字原初的意义，我们必须引用孔子这句话的全部，这样别人才会明白，才不会与"愚不可及"的现代意义混淆。

君子不器

子曰：君子不器。

《论语·为政》

器：才能。我们有"才器"一词，也指才能。大器晚成这一成语，可解为"大才晚成"。但孔子对才能似乎并不格外重视，"君子不器"的意思是"君子不重视才能"。

君子为什么不重视才能呢？儒家有一对很重要的概念：体和用。体指本体，意指事物的性质；用是本体的功能，是事物的性质的必然表现。比如一支毛笔，它的本体即是一种书写用具，它的用即是功能用途。体是根本，是"一"；用是用途，是

"多"。毛笔的根本性质，决定了它的多种功能，比如既能写各种字体，又可用来画画甚至随便涂抹。对人而言，体则是人的品质心灵，用即是人的各种具体才能。品质决定才能，是根本；才能是品质的表现，是末端。器即器用，和用同义，也不是本质的东西。

这样我们就可以了解为什么孔子不重视人的才能了。因为对孔子而言，他最重视的是一个人的人格操守和道德品质，这是为人之根本。有了这个根本，各种才能就会自然表现出来；没有这个根本，只追求一才一艺，那是雕虫小技，君子不为，弄不好还可能偏离人生正道，倒不如没有这才能的好。因此，"君子不器"。

我们在引用孔子这句话时，实际上是要表明这样一种态度：高尚的人格品质要比一个人的才华更重要。就好像你不能相信卑劣却才华横溢的小人会为朋友两肋插刀一样，你也会远离那个为了拥有财富、美貌和才华而抛弃诚信的人。

当你能够以辩证的思想去分析这句话时，我想你就可以游刃有余地使用它了。

天下国家

人有恒言，皆曰"天下国家"。天下之本在国，国之本在家，家之本在身。

《孟子·离娄上》

孟子说:"人有恒言,皆曰'天下国家'。天下之本在国(诸侯的领地为国),国之本在家(卿大夫的领地为家),家之本在身。"孟子这段话的意思是:人们有两句口头常说的话,都说"天下国家"。可见天下的根本在国,国的根本在家,家的根本在个人。进一步解释孟子要表达的意思是:要想治理好天下,没有好的诸侯不行,否则就失去了根本;要想治理好诸侯国,没有好的卿大夫不行,否则就失去了根本;要想治理好卿大夫家,没有贤人不行,否则,也是失去了根本。

孟子是个善于观察、勤于思考的人。在这里,他从人们不经意的日常用语中生发出治国安邦的大道理,天下的富庶安宁并不只是大人物的事情,它是每个人都应该负载的使命,因此每个人都应该各司其职,并真正负起责任来。孟子的这种思想在中华民族的历史长河中曾激起过无数美丽的浪花,霍去病的"匈奴未灭,何以家为",顾炎武的"天下兴亡,匹夫有责",鲁迅的"我以我血荐轩辕",老山战士的"亏了我一个,幸福十亿人",等等,这些豪言壮语正是孟子所表述的使命感的体现。

推而广之,每一个大单位都是由低一级的小单位构成的,每一项伟大的事业都是由一件件小事情做起的,每一项浩大的工程都是由一石一瓦累积的。人身在其中,无论地位身份如何,都是最能动的要素,都必须以主人翁的姿态积极地履行自己的职责与义务;任何对应该与身的公众、公益事业敷衍了事、置若罔闻的行为都是对自己角色的亵渎,都是缺少责任感的表现。

在写作中,涉及以上有关内容,可以引用孟子这段话,酌情择取前面的有关论说,阐述确立责任感、使命感的必要和切要，像胡适在《不朽——我的宗教》中所表达的意思：社会的"大我"是由无数个"小我"构成的，每个"小我"都需对社会的"大我"负有责任。

大人者，惟义所在

> 大人者，言不必信，行不必果，惟义所在。
>
> 《孟子·离娄下》

孔子认为"士"可分为三等，第一等的"士"日常的行为有准则，为臣不辱没君主的命令；第二等的"士"孝敬父母，尊敬兄长；第三等的"士"是小人物，表现为"言必信，行必果"，即说话讲信用，办事很果断。孟子继承了孔子的观点，并从相反的一面进一步阐发了"言必信，行必果"的人之所以列为第三等"士"、是小人物的原因。他说"大人者，言不必信，行不必果，惟义所在"，意思是：德高望重的人，说话不一定句句守信用，做事不一定件件果断，只是看言行是否合乎义。

原来，孟子提倡人的言语行为要以"义"为轴心，而不是只拘泥于日常言语信用的兑现和行为效果的达成。也就是说，孟子以为真正的非凡人物都是按照"义"的要求说话行事的，这样的人必定是"有所不为也，而后可以有为"。因为一个人按照"义"的标准来做事，对于那些不合乎"义"的事他就不去做（尽管做些事可能满足于信守承诺、行事干练），总要选择一些，抛弃一些；抛弃一些是为了做好自己选择的、更为重要的、符合"义"要求的事，这样才能成为有所作为的大人物，反过来，事无巨细地什么都干，就难免滑离"义"的轨道，难以有所作为。

孟子的这几句话对于后世的价值在于告诉人们要讲求高尚的人格道义，坚持重要的人生原则不动摇，尤其在大是大非面前要保持清醒的头脑，不能因小失大，沽名钓誉。

在涉及人生观、处世哲学的作文中，可引用"大人者，言不必信，行不必果，惟义所在"作为观点之一，表明为人处世要坚定正直、正义的立场，不必拘囿于小名小利，也不必理会飞短流长；在讨论领导干部工作原则性问题的作文中，可引用这些话阐明自己的观点，即认为领导干部应具有崇高的人格素质，在工作中能以集体利益、国家利益为重，坚决杜绝以权谋私、徇情枉法。

大匠不改绳墨

大匠不为拙工改废绳墨，羿不为拙射变其彀率。

《孟子·尽心上》

孟子主张人积极向上，不要满足于低层次的欲求，要不断追求高层次的生活。基于这样的思想，孟子的做人标准十分严格。他希望人们都努力把自己锻造为君子，成为尧舜一样的圣贤。他的弟子认为这个标准好固然好，可是太不着边际了，势比登天还难，所以建议孟子是不是将标准降低一点儿，从而让人觉得可行，然后再去努力达到。孟子却不同意这样，声明做人的标准不能降低，正如所谓"大匠不为拙工改废绳墨，羿不为拙射变其彀率"，意思说"高明的工匠不会因为拙劣的工人改变规矩，善射的羿（古代传说中的善射者）也不会因为拙劣的射手改变开弓的标准"一样。

当然，与孟子的儒家思想相关，孟子所讲的标准主要是指做人标准，是圣人所具有的最高道德标准。这样的标准是否有意义呢？首先应该看到，人有圣人与常人之别，即人有不同的层次，那么对于普通人而言就有了高层次的召唤；从另一方面看，圣人也是人，而不是呼风唤雨的神，普通人如果将本身的潜力充分发挥出来，都有成为圣人的可能。所以可以得出，孟子提出的做人标准既具有超越性又具有可实现性。

在今天的现实生活中，孟子提出的具体的圣人标准早已过时，但他所讲的"大匠不为拙工改废绳墨，羿不为拙射变其彀率"的道理却仍焕发着理性的生机。很难想象，一个人如果不树立远大的目标而会取得骄人的成就，一个人没有较高的做人标准而会成为卓越超群的人；事实往往是，一个人理想有多高，他的追求就有多高，反之，一个人能达到何等程度，常常取决于他给自己选取的目标。一旦一个人降低了自己的目标高度，那他就会放松对自己的要求，从而导致最终的结果不能超越庸常，远离崇高的意义。

写作中遇到有关教育、管理、领导等主题时，可以确立这样的观点：在坚持因材施教、因人而异、因地制宜等具体情况具体分析的原则的同时，也要有"质量意识"，尽可能多地贯彻高标准、严要求的方针，如"大匠不为拙工改废绳墨，羿不为拙射变其彀率"一样，以便能挖掘各种潜力，造就精英。

写关于为人处世主题的作文时，引用"大匠不为拙工改废绳墨，羿不为拙射变其彀率"，或来赞美出淤泥而不染、独善其身者，或来表明做人应讲原则立场，特别不要因周围道德环境的恶化而改变自己节操，不要追随低级、浅薄的时尚而成为媚俗者。

人固有一死

> 人固有一死，或重于泰山，或轻于鸿毛。
>
> 司马迁《报任安书》

这是司马迁说的一句话，是一句千载流传的有关生死的名言，它的意思是："人必然会有一死，有的人的死比泰山还重，而有的人的死比鸿毛还轻。"体现了司马迁对人生价值的思索，是一种值得后人学习的人生观。写这封给朋友任安的回信时，司马迁已经经历了自己人生的最大打击，在信中他也回顾了前段遭遇，自己为被俘投降的李陵说过几句话，而招致杀身之罪，因无钱赎罪，为了能去完成父亲和自己一生的宏愿，只好选择宫刑以免一死。了解了他当时的处境，对这句话我们就会有更深刻的理解，人要实现他生命的价值，既要不畏惧死亡，又要死有所值。

司马迁的这句话不知曾激励过多少英雄人物，在面临生死的考验时，为了正义的事业，毅然地选择了死亡。爱生恶死，原本人之常情，可当国家、民族需要她的儿女去为她流血牺牲时，相信我们每一个人都不会推辞，因为这时候我们能体会到它"重于泰山"的分量。于是在漫长的历史长河中，众多的英雄人物赋予了这句话一种强烈的爱国主义精神。其实这样一种为了正义勇于牺牲的精神一直以来都是我们这个民族所崇尚的，在许多思想家、文学家笔下都大力宣扬的。

司马迁的这句话适用于所有要赞美为正义事业不惜牺牲生命的场合，如它可以用在谈论见义勇为的话题中，以表明为维护正义而不顾惜生命的正确态度；也可以用在有关谈论爱国精神的题目中，来赞扬他们为国家不惜牺牲自己的大无畏精神。这句话还可以用在探讨有关生死问题的题目，如论生死观的论题，用以提出论点，也可以作为有力的理论论据。

舍生取义

生，我所欲也；义，亦我所欲也。二者不可得兼，舍生而取义者也。

《孟子·告子上》

孟子不否定食色利欲的生活需要，但他总是强调人应该追求更高的义的层次。本来，鱼与熊掌都是他想得到的，但在两者不能同时得到的情况下，他选择了熊掌，因为熊掌的价值更大。这就引出他对人的生命保存与义的维护的各自看法及对两者的轻重比较，"生，我所欲也；义，亦我所欲也。二者不可得兼，舍生而取义者也"：生命是我所珍视的，义也是我所珍视的，如果两者不能同时得到，那我宁愿牺牲生命，也要选择义。这是为什么呢？因为孟子认为，尽管生命对于人来说很宝贵，但与义相比较，义的意义远远超过了生命本身的存在。

千百年来，孟子的这两句话体现的是炎黄子孙特有的人格形态和个体价值取向；它是许多置个人利益、生死于度外的仁人志士尽忠朝廷、报效国家的铮铮誓言；它曾激励无数中华儿女，为了中华民族的正义事业，为了实现自己崇高的信仰，为了保持人的气节尊严，甘愿抛头颅、洒热血；它也曾作为一些忠良义士践履道德、信守承诺、承担责任、坚定信仰的精神指南。我们在写作时，回顾起中华民族艰苦卓绝的奋斗史、抗争史，无论如何不能不想起那些"舍生取义"者。他们为了国家、民族的事业，粉身碎骨、肝脑涂地，也在所不惜。

翻开中华历史的巨型人物相册，会看到那些并没有建立丰功伟业但仍不失为义薄云天的"舍生取义"者。他们舍生忘死，甘愿为罹难的亲朋故交、部族团体请命。

转向今天，人们面临生死抉择的机会不多，但还是有些人或经常地或不期然地可能迎接不法之徒糖衣炮弹的侵袭和各种威逼利诱的考验，由于"舍生取义"的价值观念嵌入其灵魂深处，他们的言行体现了不逊古人的傲岸风骨；至于生活于常态生活中的人们，未必真正有"舍生取义"的契机，但它标示了一个人的精神高度和人格标的。

生不可不惜

夫生不可不惜，不可苟惜。

颜之推《颜氏家训·养生》

此句意为：生命不可不珍惜，但也不能苟且偷生。作者在接下去的文章中指出，走上危险的路途，做招致灾难的事，为了追求欲望的满足而伤害自己的生命，进谗言藏坏心而招致死亡，对于这些事情，君子就应该珍惜生命而不去做。但如果是因实行忠孝的事情被害，走仁义的道路而受罪，失去生命是为了国和家的利益，那么君子就不能珍惜生命，而应勇敢地献出生命。这应该说是对于生死这一问题比较全面的论述。

生命对于每个人都只有一次，珍惜生命、尊重生命，是每个人都应该明了的事情。但是当我们个人的生命和我们的家庭利益、国家利益紧密相连，不牺牲自己的生命就不能保卫家国的时候，我们就不应该以珍惜生命为借口，逃避自己应该承担的责任。在历史上，有无数的志士仁人、忠孝节义之士，为了成全家庭的荣誉和捍卫国家民族的尊严，慷慨赴死、英勇就义。他们大义凛然、勇敢无畏的精神至今仍然激励着我们，成为我们学习的楷模。人总有一死，但是为什么而死却各不相同。对于生死前人其实多有论述，如孟子说，"生，我所欲也；

义，亦我所欲也。二者不可得兼，舍生而取义者也。"等等，都强调为正义勇于牺牲的精神。

这样一句简洁而全面地谈及生死的话，自然可以作为论人生观、生死观等题目中的一个论点或论据；同时，它还可以出现在介绍英雄人物为国家集体利益而奋不顾身的行为之后，用以赞扬他们的舍生取义的精神。

君子之处世

夫君子之处世，贵能有益于物耳。不徒高谈虚论，左琴右书，以费人君禄位也。

颜之推《颜氏家训·涉务》

此句意为：读书做官之人处在社会中，最主要的是应该做对社会有利的事情。不应该每天只是高谈阔论不切实际，以琴棋书画作为自己的消遣，耗费君王的官位和俸禄。这是颜之推对为官者职责的认识。

现实生活中，尽管不同的人有不同的立身处世的原则和标准，却都应该恪守一个总的原则，就是应该有强烈的责任感，做一个对国家和人民有利的人。虽然颜之推由于受时代的局限，认为每个人应对君王负责，但其观点却对我们今天的人有很大的警示作用。有些人任职期间，不务实事、不求贡献，要么纸上谈兵、空口论道，要么过着修身养性的闲适生活。这些人但求无过，不求有功，白白地耗费着国家的财产却不能为国家做事。这样的官员即便不贪赃枉法，百姓对他们也是不满的。孔子说"不在其位不谋其政"。那么如果在其位，就应该积极做好自己的工作，不辜负人民和国家的信任。天下兴亡，匹夫有责，更何况有职有官之人呢？

这句谈论为官之道的话，对于今天的我们依旧有所启发，我们可以把它用在谈论责任感的话题中，表明这是为官者必不可少的。在探讨好干部的标准时，它也能派上用场，它告诉我们，在清正廉洁之外，还得加上尽职尽责，作为干部你才合格。

自安于弱

自安于弱，而终于弱矣；自安于愚，而终于愚矣。

吕祖谦《东莱左传博议·葵丘之会》

南宋的哲学家、文学家吕祖谦被当时的学者称为东莱先生，是一位与朱熹、张栻并称的学者。大家都知道在公元前651年，齐桓公在葵丘（今河南兰考、民权境内）会盟诸侯，史称葵丘之会。吕祖谦在读史书时就此事发表了自己的见解，所引为其中一句。意为：自己安心于软弱，就会始终软弱下去；自己安心于愚蠢，就会始终愚蠢下去。他意在告诫人们，不能自暴自弃，只要锐意进取，就能改变自己的命运和地位。

哲人的话多少会给我们普通人一些启发。我们每个人都会有这样或那样的不足，或许我们不聪明，或许我们性格软弱，或许我们家境贫寒……所有这些都没什么，只要你有一种自强不息的精神，你就能不断地改变这一切。对于一个人是这样，对一个民族、国家也是如此。当然，吕祖谦并没有直接说这个道理，而是从反面指出如果自暴自弃，没有奋发进取精神，就会永远处于不足之中，无法改变自己的境况。其实自强不息一直是我们民族精神中不可或缺的组成部分，在许许多多英雄人物和平头百姓的身上都能看到它在闪光。

这样一句平实而发人深省的话，可以出现在与它所体现精神相关的文章中，如在记叙文或抒情散文中，我们可以引出它来劝勉他人或抒发情怀；在议论文中，诸如论自强不息，论进取精神及批判自暴自弃、安于现状行为的文章中都可用它来作论据。

学习之道

三人行，必有我师

> 子曰：三人行，必有我师焉。择其善者而从之，其不
> 善者而改之。

《论语·述而》

对于孔子的这句名言，北宋大理学家朱熹的解释是：三人同行，其中一人是我，另外两个人，一善一恶。我就学习其善而增强自己的善，另一方面又以其恶为镜子，主动改掉自己的恶，这样那两个人就都成了我的老师。

这也就是古代人常说的见贤思齐，见不贤自省，善恶皆为我师，人的道德境界就会不断提高。

显然，这句话多用于主动加强道德修养方面。在具体的写作中，我们既可用此话自我鞭策，也可以用它赞扬某人道德修养的主动积极，还可以由此发出感叹，表达对高超的道德修养境界的憧憬。

另外，这句话也可以用在善于向别人学习方面。所谓寸有所长，尺有所短；三百六十行，行行出状元；任何人都有供我们学习之处，如某种技能、某种知识、某种做法、某种精神。他山之石，可以攻玉。善于学习的人是真正聪明的人。

当然，这样的用法往往截取孔子这句名言的前半部："三人行，必有我师焉。"后半部强调道德的内容就可以略去不说。

知之，好之，乐之

知之者不如好之者，好之者不如乐之者。

《论语·雍也》

好（hào）：喜爱。乐（lè）：以……为乐。这句话的意思是："知道学习重要而学习的人比不上喜爱学习而学习的人，喜欢学习而学习的人不如把学习当作人生乐事而学习的人。"

孔子用层递比较的方法，为我们指出三种求学的境界：知之，好之，乐之。知之者，明白学习的重要性，这样的学习无可厚非，但是，这其实是一种"不得不学"的境地。学习者缺乏主动性，只服从于学习的压力而学习，知识虽然也能学到一些，学习却成了苦差事。不客气地说，在校的许多学生都在这样地学，这是应试教育的缺陷。好之者则不是这样。他经过"知之"的被动学习阶段，逐渐摸出了规律，感受到知识的乐趣、学习的乐趣，于是学习不再是"不得不学"，而是"我愿意学"，完全掌握了学习的主动权。这样的学习虽然也苦也累，但苦中有乐，学习不再凭单纯的毅力，而靠兴趣了，所谓"兴趣是最好的教师"。乐之者则是更高一层境界，那是把学习当作人生的最大乐事，通过学习达到心灵上的愉悦和满足。这样的人已经把学习当作了生命需求，甚至达到"为学习而学习"的境界。我国现代大哲学家金岳霖先生给学生讲形式逻辑，其乐陶陶，学生不明白，问他：这么枯燥的东西金先生为什么学呀？
他的回答是：好玩儿。这就是"乐之者"的境界。

上述学习的境界可以一分为三，不同的人有不同的境界，
有低级和高超之别。同时也可以理解为，一个人的学习过程可
分为三个阶段，从低到高，从不自由逐渐到达自由的境界。

同时还要注意到，上面说的学习是狭义的学习，即学生在
校学习文化知识。此外学习还有广义的学习，它包括一切知识
的获得，比如从事各种社会工作也是学习。无论广义还是狭
义，都可以使用孔子这句名言在写作中表达我们对最高的学习
境界的追求。同时，在谈论教改、启发式教学等的文章中也可
使用。

何莫学夫诗

子曰：小子！何莫学夫诗？诗，可以兴，可以观，可
以群，可以怨……

《论语·阳货》

可解释为："学生们，为什么不学习诗歌呢？诗可以感发人
心，可以从中观察社会的得失，可以用它团结人群，可以用它
批评社会的不足……"

这是孔子评价诗歌的社会作用的名言。孔子一生致力于社
会的安定和谐，是个政治家、思想家、道德家、教育家，也可

以说是个诗人，因为他有诗人的情感，说出的话精辟深沉，能打动人，所以我们可以说，孔子是个不写诗的诗人。

孔子一生爱诗，喜欢用诗歌语言表达自己的政治理想、人格追求和对社会人生的理解。他曾用很多的精力、严肃认真的态度整理、编选了我国第一部诗歌总集《诗经》，并且评论说："诗三百，一言以蔽之，曰思无邪。"意思是说，三百零五篇《诗经》中的诗，思想感情都是纯正的。用这句评价理解孔子的"兴观群怨说"，就更明白了。

即便在当代，我们仍然可以用"兴观群怨说"评价诗歌，许多诗人只从自己的莫名其妙的情感出发，不考虑别人的情感，甚至片面认为，只表达自己的情感不问别人接受不接受，这是诗人的自由，这是写好诗的起码条件。结果，写诗的人越写越奇怪，读诗的人越看越茫然，诗歌脱离了人生，不兴不观不群不怨，谁还喜欢这样的诗呢？

敏于事而慎于言

> 君子食无求饱，居无求安，敏于事而慎于言，就正道而正焉，可谓好学也已。
>
> 《论语·学而》

孔子提出了好学者的四点要求，今天的我们也可借鉴。

"食无求饱"，不是说凡好学者都应该饿肚子，因为谁都知道，饿着肚子学习很难"好学"。"饱"，这里应是"满足、丰富"之意。好学者在衣食上不那么讲究，衣能蔽体、食能果腹也就可以了，否则怎能专心于学习呢？我们经常可以看到，一个好学的人往往衣着平常，因为他的心思不在这上，倒不是他厌恶好的衣服和食物；一个不好学习的人却往往专心于打扮、时髦，或者说因其专心于打扮、时髦，他的学习才不好。

"居无求安"，也不是说好学者连个安定的住处也不要，谁都知道心静才能志专，而心静志专是和环境的安定有很大关系的。这里的"安"其实是"安逸"的意思。追求安逸的人很难好学，因为学习是艰苦的。古今中外有很多好学者并且因好学而成名的人，大都有背井离乡、负笈远学的艰难历程，就是明证。所谓"不吃苦中苦，难为人上人"，就是这个道理。

"敏于事而慎于言"，意为做事勤勉机敏，说话谨慎。光是"食无求饱""居无求安"地苦学还不够，还得勤于做事善于做事，在实践中锻炼自己。"慎于言"呢，不是有话不敢说，或该说的不说，而是表达自己的看法时不自以为是，随时请教别人，以补自己的缺失。

做到以上这些，还不能算好学的君子，还得"就正道而正焉"。孔子认为，君子之学不努力不行，但光是努力也不行，倘若努力的方向错了，不是正道，那么这努力就是南辕北辙，适得其反。孔子认为，当年的墨家之学即非正道，虽然它也在苦学并且践行，正道只在儒家一门。"就正道而正焉"对于我们今天的好学者来说，也是重要的，那该是国家的前途与个人前途的统一，没有这个"正道"，恐怕我们的学习就迷失了方向。

明白了做一个好学者的四点要求，我们就可以用这句话提倡一种好学精神，自勉并且勉人了。

三十而立

> 子曰：吾十有五而志于学，三十而立，四十不惑，五十而知天命，六十而耳顺，七十而从心所欲，不逾矩。
>
> 《论语·为政》

意为："我十五岁时立志于学问的研习，三十岁时有独立的见解和人格，四十岁时明辨事理不再疑惑，五十岁时知道天下大势天道的运行，六十岁时好话坏话都听得进去，七十岁时随心所欲，做事都符合中庸之道。"

孔子享年七十三岁，这段话是他对自己一生的总结。中国古代史上，许多名人的夫子自道，唯有这一段最为传世，影响人至深。这是因为孔子不仅精辟地总结了自己的一生，也大致说出了许多人一生的历程，让人感到亲切。而且它又成为许多年轻人一生各个阶段的奋斗目标和检验尺度，是对人生一般历程的深刻揭示。它告诉我们，少年时当发愤立志，努力学习，青年人当自立于人世，人到中年当步入智慧人生，人到老年则拥有心灵的自由、处世的从容。当我们处于人生某一阶段时，往往以孔子的名言自衡自问，符合了不免欣然自喜，对自己的人生很满意；不符合则不免自责自励，或鞭策自己努力自立于世、明辨事理等等。这就是孔子的夫子自道的威力。

细分一下，孔子这段名言之所以传世久远，深入人心，是因为它的内涵丰富深刻，语言警策通俗。

那么，我们在使用孔子这段名言时，可从三个方面来表达我们的思想和情感：一、概括人生的一般历程，上面已经说了；二、从学问的角度，指出为学之道贯穿人的一生，需要日积月累，循序渐进，不可追求速成，也不可半途而废；三、从道德修养的角度，指出人的道德水平和境界的提高是由学问到人品，由不自由到自由的过程，也是不可速成，不可半途而废的。对它我们可整体引用，也可分句使用。

知之为知之

知之为知之，不知为不知，是知也。

《论语·为政》

译为："知道的就说知道，不知道的就说不知道，这才是明智的学习态度。"

这句话是孔子教诲其弟子子路的。子路性格外向，好勇要强，有时会强其所不知以为知。孔子因人施教，针对子路的弱点，格外指出端正学习态度的重要性。

强其所不知以为知，是因为虚荣心作怪，恐怕说出不知来被人瞧不起，因此借以欺人，其实是自欺。我们都知道欺人的不对，但往往不领悟自欺的害处，又最容易犯自欺的毛病。自欺是因为虚荣，说到根子上是缺乏自信。不自信的人往往不懂装懂，结果也往往出乖露丑，越想保住面子越丢失面子。不懂装懂的人要是有了一定的权力、权威做依靠，明明胡说八道，别人不敢指出，自己反倒洋洋得意，永远错下去，甚至指鹿为马，颠倒黑白，那害处更大了。

因此，在学习上没有一个正确的态度，会贻误一生；在人生中没有一个明智的态度，会危害社会。孔子的这句名言，应该引起我们的警惕！

仕而优则学

仕而优则学，学而优则仕。

《论语·子张》

这是孔子弟子子夏说的话。仕有两种含义，一是做官，二是做事。优，有余力之意，不是"好"的意思；当然，做官或做事能有余力，这官和事肯定做得不错。这句话通常的理解是："做官而有余力就进一步学习，学习而有余力就去做官。"人们这样理解的原因是，认为儒家提倡学习好为的是做官。其实不准确。孔子周游列国，很想做官，但他并不是"为做官而做官"的官迷儿，而是通过做官服务于社会苍生，实现自己的价值。他对他的学生的要求也是如此。比如冉有、季路学成之后，孔子派他们去季康子那里做官，可是这两个人竟然帮助季康子做坏事，甚至为之敛财，孔子大怒，声明断绝师生关系，甚至号召学生们"鸣鼓而攻之"。因此说"学习好就能做官"理解有误。既然"仕"又有"做事"的意思，那么这句话就可以译成"做事有余力就去进一步学习，学习有余力就去做事"。这样更符合这句话的本义，因为对孔子而言，做官不过是一种做事。

那么，深得孔子心传的子夏的这句话，其实说的是学习和做事的关系，做事有余力再努力学习就能把事做得更好，学习有余力就去做事以免所学成为空谈。如此一来，我们用这句话表达我们对人生的理解、说明理论联系实际的道理，就很深刻和警策。

夫子之墙数仞

> 譬之宫墙，赐之墙也及肩，窥见室家之好。夫子之墙数仞，不得其门而入，不见宗庙之美，百官之富。及其门者或寡矣。
>
> 《论语·子张》

这段话是端木赐说的。端木赐，字子贡，是孔子最聪明的学生。

引起端木赐说出这段话的，是鲁国一个叫叔孙武叔的大夫不公正的评价。有一次，叔孙武叔在朝廷上赞扬端木赐，认为他的人品学问高于孔子，有个叫子服景伯的大夫把这句话告诉了端木赐。端木赐丝毫不因这样的颂扬而沾沾自喜，却认为叔孙武叔是谬评。端木赐极端敬服自己的老师，想表达对孔子道德文章的赞美之情，但这样的心情很难直接表达，于是他巧妙地使用了类比的方法，把人的道德和学问的境界比做房屋、住宅的门墙（即文中的"宫墙"）。这段话可解释为："好比住宅的门墙，我端木赐的门墙只有肩头那般高，从墙外一眼可看尽屋中的摆设。可是我老师的门墙却有几丈高，又很难找到门进入，因此根本看不到屋内陈设的华美和丰富。能够进入他的门的人是非常少的。"

用"宫墙"类比道德与学问的境界，把抽象的事物说得形象、生动；又通过"及肩"与"数仞"的对比，说理透彻，且充分表达了对老师的敬佩赞美之情，端木赐真是有才。连他自己也认为："夫子之云，不亦宜乎？"意为："这样评价我的老师，难道不是非常恰切的吗？"

从此，这段话就常用来赞美人的道德境界高深以及学问精深难测。当然，也可以用来表达自己的谦虚。如在《答李翊书》这篇书信体的论说文中，韩愈在答复李翊的求教时就说："抑愈所谓望孔子之门墙而不入于其宫者，焉足以知是且非耶？"意为："不过我韩愈就是所谓的望见孔子的门墙而没有进入到他家里去的人，哪里称得上是知道对和不对的道理呢？"韩愈借宫墙之论自谦，很是巧妙。当然，这只是自谦，其实他是认为自己"足以知是且非"的。

性相近，习相远

子曰：性相近也，习相远也。

《论语·阳货》

性：先天本性。习：后天习染。这句话可译为："人的本性都是相近的，只是因为后天习染，才有了很大的差别。"这句话到了后来的《三字经》中，就简缩为"性相近，习相远"了，仍然强调后天习染对人之善恶的决定作用。

儒家认为，人的本性都是善的，当然，明确提出"人性善"观点的是后来的孟子，但他与孔子的思想一脉相通，却无可怀疑。与孟子同时代的思想家，又提出许多关于人性的说法，如荀子的"性恶论"、告子的"性无善无恶论"等，我们虽然无法评论其高下，但对儒家的"性相近，习相远"的观点却不能不赞同。一个人来到世上，算是白纸一张，这叫"性相近"；但是，在后天的习染之中，环境影响之下，有的白纸画上最新最美的图画，有的白纸却乌七八糟，不堪入目，这叫"习相远"。那么，人之善恶的区分，仅仅是因为外在环境的影响，所谓"近朱者赤，近墨者黑"吗？当然我们不能否认环境的影响，但仅仅承认这一点也不行。因为若论环境的落后、愚昧、野蛮而言，是许多人在某些时候、时代共有的，这里的环境指社会环境，谁能离群索居、不食人间烟火呢？那么同在一个糟糕的环境中，有的人能保持其人格的独立，不仅出淤泥而不染，而且努力改造环境，有的人却在旧有的环境中妥协、沉沦，于是，人格的高下善恶有了鲜明的区别。所以说，"习相远"不仅指出了后天环境对人的模塑作用，而且更重要的是提出了人对环境的超越和改造的作用，指出了人格修养的重要性。

明白了这一名言的内涵，准确地使用它还是难事吗？如上所述，这句话强调了后天习染对人的决定作用，所以在谈及外界环境对人的影响，谈到教育的重要作用等问题时，我们都可以把它引入文中。

有教无类

> 子曰：有教无类。
>
> 《论语·卫灵公》

孔子这句名言可理解为"受教育不分等类"。

孔子其实是很注重把人分为等类的，如人有君子小人之别，善恶之别；有学问的人也是分等级的，如"生而知之者，上也；学而知之者，次也；困而学之，又其次也；困而不学，民斯为下矣"（《论语·季氏第十六》）。但是，从可接受教育的对象来说，或者说教育的功能来说，孔子却不分等类、级别，认为所有的人只要有学习的愿望，都有受教育的权利、都有被教育好的可能。这在只有贵族子弟才有受教育权的春秋时代，孔子无疑是第一个敢吃螃蟹的人。打破"学在官府"，创立私学，提倡"有教无类"，实在是功在千秋，泽被万世。

除了这一点，"有教无类"的教育思想还有其可贵之处，那就是孔子认为，人固有善恶之别，但是经过教育，却可以使善者更善，不善者向善从善。当然，这种教育思想基于儒家"性善"的理论，但它也充分表现了孔子作为一个大教育家对教育的自信及人格风采，揭示了教育的功能。

正因为"有教无类"，孔子才有弟子三千；正因为"有教无类"，孔子才能因材施教，培育出那些性格各异、风采各殊，才华多样而又一心向善的"贤人七十二"。

心之官则思

耳目之官不思，而蔽于物，物交物，则引之而已矣。心之官则思，思则得之，不思则不得也。此天之所与我者。先立乎其大者，则其小者不能夺也。此为大人而已矣。

《孟子·告子上》

仁义是孟子提出的最高道德原则。公都子问孟子，同样是人，为何有人成为君子，有人成为小人。孟子回答说，依照身体的主要部分（仁义之心）意旨办事的便能成为君子，按照身体的次要部分（耳目口腹）需要行事的就会成为小人。公都子又问孟子，又为何有的人按照身体的主要部分（仁义之心）办事。孟子回答说:"耳目之官不思,而蔽于物,物交物,则引之而已矣。心之官则思,思则得之,不思则不得也。此天之所与我者。先立乎其大者,则其小者不能夺也。此为大人而已矣。"这段话是说:"耳、目等器官不会思考,因而容易被外物蒙蔽。一物接一物去看、去听,往往被外物所引诱。心这种器官会思考,思考就能把握人的仁义之心,不思考就把握不住。心是天赋予人类的。因此,只有先将心这个主要器官立定,那么那些次要器官就不会为外物所引诱而使人失去仁义之心了。这样做就可以成为君子了。"

从上面可以看出,孟子不但将仁义作为最高的道德原则,而且他认为仁义是人与生俱来的本性,根于心。要使仁义之心不丧失,使道德充实、完美,必须抵制外物的诱惑,发挥心之官的思维作用,善于反躬自问是否按照仁义行事,从而保持住仁义的本心不丧失。由于对人体缺乏科学的研究和认识,孟子把心说成思维的器官而不是人脑,但在这里并不影响我们对孟子及这段话的理解(现在通常还说"心想"),尤其"心之官则思,思则得之,不思则不得也"这句话,对于后人的价值不只是来理解孟子及儒家学派,更重要的是教现代人在学习和生活中欲有所得、有所悟,遇事则要三思,反省内求,形成自觉的道德意识;勤于思考,独立钻研,养成良好的学习习惯;冷静清醒,思维缜密,培养积极自主的判断、评价能力。

在关于学习题材的作文中,可用"心之官则思,思则得之,不思则不得也"作为提倡的方法和原则之一。

在关于道德题材的作文中,可用这句话告知人们若使自己不迷失善良的本性,要做到不为各种诱惑所动,不为各种欲望奴役，时常扪心自问为人处世是否堂堂正正。

在关于现代人的思想观念、精神状态讨论或评判的作文中，可用这句话批驳一味消解意义、深度，主张用欲望、感官、本能的声音言说时尚的观念；可用这句话提醒某些偶像的痴迷者，树立正确的审美观，莫不假思索地沉迷于无知的追逐中，莫被天真装扮的无知所蒙蔽。

尽信书，则不如无书

尽信书，则不如无书。

《孟子·尽心下》

孟子坚信"仁者无敌"，意即实行仁政的人无敌于天下，实际就是孟子认为仁政是治世最理想、有效的办法。出于这样的信念，孟子认定《尚书》对于武王伐纣的记载有误。理由是：周武王为"至仁"，他去伐纣这样一个"至不仁"，是众望所归，是完全不会发生流血将木杵都漂起来的事情的。而《尚书》却说武王伐纣的战争进行得很激烈，流血将木杵都漂起来了。因而说出这样的话："尽信书，则不如无书。"意思说，完全相信《尚书》，还不如没有《尚书》更好。

联系孟子的思想主张，可知他"尽信书，则不如无书"的主旨显然不是在论说《尚书》一类史书的真伪虚实，而是婉曲表达了他的"仁者无敌"的思想。这里面可以说包含着孟子主观、固执的信仰的成分，对此我们当能以客观的态度来审视，也不必吹毛求疵。因为这话对于后人的价值不是其最终表达了孟子的什么思想，也不是启发人们去考证《尚书》这本书有关记载的准确率到底有多少，而恰恰是这话表面所表达的意思，当然，要将《书》的"《》"去掉为先。

中国向来不乏嗜书如命的读书人，可是，可悲的是寒窗苦读却培养出了大批死读书、读死书的书呆子。这其中固然有中国古代文化专制制度的原因，特别是各种类似文字狱的文化钳制、文化暴力及科举考试，尤以八股取士为劣，大大束缚了读书人自主的思想活动，窒息了他们的开拓创新精神，每每"言必称经"，而成为书的忠实信徒，甚至抱残守缺尚不知，而为陈腐不堪的东西所奴役。在今天，随着文化思想禁锢的全面打开，随着世界经济一体化，政治、文化多元化时代的到来，随着教育研究和改革的深入发展，伴随信息网络技术的迅猛攻势，人们不再将凡书本上的都奉若权威，书本本身也呈现出五花八门、多元并存的局面，而作为各种文化载体的传媒更是异彩纷呈，此时，如果谁还认为书上的就千真万确的话，那将是十分可笑且危险。

写有关读书题材的作文时，可以引用这句话，告诉人们正确的读书态度应当是思考和辩证的，不能人云亦云，否则最可能造就的就是僵化的木偶或庸才；引用这句话来批评迷信书本、毫无主见、缺乏创建性和怀疑精神的读书人和读书方法。

规矩与技巧

梓匠轮舆能与人规矩，不能使人巧。

《孟子·尽心下》

　　孟子重视教育，也有过较长时间的教学实践。他总结规律，提出了许多对今天仍有价值和借鉴意义的见解。如对教育者提出因材施教、以身作则、言近旨远等原则和方法，对学习者提出勤于思考、循序渐进、持之以恒等要求和建议。

　　"梓匠轮舆能与人规矩，不能使人巧"就是孟子发现的一个教育规律，意思是：木工和车匠，能教给人规矩的标准，却不能教给人高明的技巧。这是个比喻，其实在说，个人的学习是不能替代的，教育者只能提供些许学习的途径和方法。仔细分析孟子的这句话，不难看出，它澄清了某些人——无论教育者还是学习者，都可能存在的模糊认识。对教育者来说，教育者在教的过程中要确立一定的标准，并传授给学习者一些适当的方法，但却不能真正让学习者生巧，从而替代学习者的标准；对学习者来说，完全寄希望于教育者所传授的知识和方法，不充分发挥自己的主观能动性，不思考钻研，不身体力行，是不可能生巧的。这也就告诉人们教育的过程并不会伴随着教的终结而结束，它还要有学习者熟练至生巧的过程，教育者要明确自己的任务和角色，要教得恰到好处，以便给学习者更多的熟悉、发展和深入的空间，在信息网络大发展的时代，教育者尤其应该有这样的清醒认识；学习的过程也并不是一个被动接受的过程，它还要有一个由异己认知转换为自身存在的再生过程。

在关于教育题材的作文中，如果讨论教育者，用"梓匠轮舆能与人规矩，不能使人巧"来说明他们应当清楚作为教育者所能做到的和所该做到的，教人方法而不是事无巨细地一一道来，否则就会侵占学习者发挥主动性的时间，不能取得良好的教育效果；如果讨论学习者，用"梓匠轮舆能与人规矩，不能使人巧"，来说明他们应当知道学习是一个积极主动的过程，必须充分调动自我，期望从老师那里得到全部是愚蠢而不切实际的妄想。

为间不用，则茅塞之矣

山径之蹊，间介然用之而成路；为间不用，则茅塞之矣。

《孟子·尽心下》

孟子有个学生名叫高子，齐国人，曾经跟随孟子学习，但是并没有学通就转而学习其他学派的道术去了。孟子就他的这种表现，给予了委婉的忠告："山径之蹊，间介然用之而成路；为间不用，则茅塞之矣。"意思说：山坡上的小道虽然窄小，坚持经常走它，就会变成大路；而要是一阵子不走，茅草就会把它堵塞。接着孟子指出现在的高子，学于仁义之道没能坚持到底，反而半途而废，心就好像小道被茅草堵塞了。

仁义是孟子教育思想的核心，那么在对高子的这番话中，孟子无疑是在批评高子放弃了对仁义之道的学习、思考及实践。但今天，对"山径之蹊，间介然用之而成路；为间不用，则茅塞之矣"这段话，我们完全可以不拘泥于孟子特定学术思想的限制，而应看到这段话对于当下人们的普遍价值。鲁迅先生说过：地上本没有路，走的人多了也便成了路。其实，一个人走多了、经常走也会有路；再者，他说的是路的开辟问题，还有路的保护维持问题。孟子这段话最具意义的就是强调了一个人学习的专一、持久性问题。小路长时间不走就会长满茅草，学习就好比走路一样，三心二意，不能持之以恒，间断了，内心就会荒芜迷乱，像长满了茅草一样壅塞不通。孟子的这段话还可以推而广之，对于生活中的许多事情，如果不能始终一贯地坚持下去，一曝十寒、心猿意马是不会有好的结果的。

在有关下面内容的作文中可以用上这段话：如关于学习的，根据学习内容的不同，用这段话选择强调坚持思考、坚持复习、坚持实践、坚持创新等的重要性；如有关信仰的，用这段话说明不断观照心灵、落实行为的重要；如关于人际交往的，根据亲人、爱人、朋友、同学、同事等不同的内涵，用这段话说明要建立健康、和谐、美好的关系，互相保持一定程度的关怀，以及进行经常的感情沟通和思想交流是必要的。

十年树木

一年之计，莫如树谷；十年之计，莫如树木；终身之计，莫如树人。

《管子·权修》

《管子》一书相传为春秋时期齐相管仲所著，实后人托名，其中包含了道、名、法等家思想及天文、历数、经济、农业等知识。所引句为早已脍炙人口的名言，强调的是教育的重要意义，其意为：制定一年的计划，没有比种植五谷更好的了；制定十年的计划，没有比种植树木更好的了；制定一辈子的计划，没有比培养人才更好的了。这句话后来浓缩为成语"十年树木，百年树人"，比喻培养人才是长远之计，体现的是中国古人对教育的重视，值得今人学习。

管子以排比兼递进的修辞手法，告诉我们教育是百年大计，不容忽视。这一千古不变的真理，对于今天的社会依旧具有现实意义。任何一个民族、国家要想强大，最重要的就是要有人才，而人才是良好的教育培养出来的，离开了教育就不可能有人才，由此看来，教育的确是一个国家的立国之本。无数史实也证明，在许多变法、革新之中，发起者都没有忽略革新教育，其实也是基于这样一种认识，只有改革了教育才能培养出适应新环境的人才。

很明显，这句话非常适用于谈论教育的话题，例如科教兴国、教育为立国之本、谈教育等题目，它都可引用进去，表明教育的重要性、长远性。当然在谈人才的话题中，它也可以出现，用以强调培养人才的不易。

学以益才

学所以益才，砺所以致刃。

刘向《说苑·建本》

这句话的意思是：学习的目的在于增加一个人的才能，磨砺一把刀的目的在于使它锋利。作者以此告诉人们学习的重要意义。

通过这句话，我们可以知道这样一个道理，学习和磨刀一样，不是目的仅是手段。磨刀的目的是要用刀，如果不为了使用，刀的锋利与否就没有意义。学习也一样，如果不是通过学习增长我们的知识和才干，并把它应用于社会、造福于天下，我们就没有必要学习。生活中有些人也在学习，但是其目的却不是为了增加才干。他们把学习当成一种装潢和门面，希望给别人留下有知识有文化的好印象。由于目的简单，这些人在学习的时候就缺少勤奋刻苦的精神，也不能对知识进行系统深刻的掌握。他们关注的是别人的评价而不是自己对知识的运用。还有一些人把学习当成获取功名利禄的钥匙，我们并不反对通过学习在社会当中寻求一个立足之地，为自己的生活奠定良好的基础。一个人应该把所学运用到社会当中。学习不是单纯的审美活动，不是只为了修身养性的简单目的。通过学习有了才能，自然应把这种才能贡献给国家和民族。但是如果从一开始，就把学习的目的定为为个人谋利益，那么一旦有机会可以不通过学习就得到功名利禄，这些人就不会去学习，甚至会为自己的私利不惜使用任何手段。因此，只有自己端正学习的态度、明了学习的目的，才会踏踏实实地进行学习。

在谈到学习这一话题时，我们就可以用这个论据来强调学习的意义和目的是为了更好地应用于社会，更大地实现自身价值。在谈成才的文章中，我们也可以用它来表明，只有刻苦地学习，才是成才的必由之路。

人之有学

人之有学也，犹木之有枝叶也。木有枝叶，犹庇荫人，而况君子之学乎。

《国语·晋语》

这句话意为："人有学问，就好比树木有枝叶一样。树木有枝叶，还能为人遮阴凉，更何况君子有学问呢。"强调了掌握知识对己对人的意义。这是晋国的范献子出使鲁国问候鲁国国君的礼节时，因为识见少而出了不少笑话，从而认识到学习的重要性，感触很深地告诫身边的人一定要学习，并说了这句话。他用形象的比喻生动地说明了知识的重要作用，知识就好比树木的枝叶，人掌握了它就能利人利己。这句话能给人留下鲜明的印象，不失为激励人努力学习的名言警句。

对于知识的重要作用古人多有论述，诚如前人所强调的，知识能够丰富我们自身，使我们成为更有力量、更有用处的人。在充实自己的同时也造福他人，并进而赢得他人的尊敬。如果说两三千年前的范献子能用如此生动的语言，说出掌握知识的重要意义，那么今天知识对于世界的影响与改变又远非他所生活的时代可比，所以今天的我们在读他的话时，将能更深切地体会到知识的作用。

这句话可以出现在谈论知识的话题中，作为论据来表明知识的作用。在谈到学习的话题中，它也可以被引出，以强调学习的必要性。如：学习能使我们更好地实现自身价值，诚如古人所说"人之有学也，犹木之有枝叶"。知识能够利己利人，当我们通过不懈地学习获得更多的知识后，我们就能更好地造福社会，从而体现出自身的价值。

少而好学

少而好学，如日出之阳；壮而好学，如日中之光；老而好学，如炳烛之光。

刘向《说苑·建本》

晋平公问师旷说："我已经七十多岁了，想要开始求学，恐怕已经太晚了。"师旷说："那您为什么不点燃蜡烛来学习呢？"平公不快地说："哪有作为臣子的戏弄他的国君的道理？"师旷回答道："我这个瞎眼的臣子怎敢戏弄您呢？我听说：年少时好学，如同太阳初出时的光芒；壮年时好学，如同正午时的阳光；年老时好学，如同点燃的蜡烛的光亮，虽然光亮的强弱各不相同，但都会照亮人生。"晋平公对他的话点头称许。

刘向在他的《说苑》中讲述了这个意味深长的故事，委婉地表达了自己的观点，即人不论在什么时候，只要努力学习，就会有光明的前途。这一比喻在今天仍有重要的现实意义。有的人将学习看成是青少年的专利，自认为到了壮年不必学习了，更不用说晚年了。即使后来有了学习的欲望，但惰性又使他们常常为自己找借口，只一味感叹自己失去了学习的机会。日复一日，年复一年，就这样在无奈的叹息中蹉跎了岁月。其实，从来没有谁规定只能在青少年时期学习，人的一生随时都应不断地充实自己，因为不论是为了个人修养，还是为了造福社会，都需要我们保持一颗好学上进的心，才能以满身的活力度过有意义的一生。放弃了学习，就等于放弃了对人生的追求。只要努力学习，青年人则前途无量，中年人则更上一层楼，而老年人也同样可以发挥余热。

这是一则劝勉人们努力学习的言论，可以论证人不论在什么时候，都不应放弃学习；也可以强调人不应因年老就放弃学习。这段话用了比喻和排比的修辞手法，比较适合作为道理论据，生动灵活地论证观点。

教无常师

教无常师，道在则是。

潘岳《闲居赋》

这是西晋潘岳的话，它告诉我们"学习没有固定的老师，谁懂得事物的道理及规律谁就是老师"。人因为自身能力的限制，总会有所长有所短，所以每个人都应该学习，而且在学习中也不能只盯着一个老师不放，应该以一种开放的态度对待学习。要能随时发现别人的长处，广泛向他人学习，弥补自己的不足。

中国的古人历来重视学习教育，有关学习的论述很多。类似的话我们在别人的诗文中也曾见过，如杜甫说"转益多师是吾师"，韩愈说"无贵无贱，无长无少，道之所存，师之所存"，等等，都是这个意思，可见这是一种达成共识的认识。许多前人的做法也验证了这句话，如博学的孔子就曾拜过许多人做老师。古代的知识分类远没有今天细，研究得也没有今天深，古人却早就用这样一种开放的、虚心的态度来对待学习了。今天知识在不断向前发展，不仅不同专业之间有很大差别，往往有隔行如隔山的感觉，就是同一专业中不同研究方向也都各有专攻，彼此不是非常明白。同时社会对复合型人才的需要，又要求人们有更广泛的知识。于是在这样一个要求知识面和专业深度的时代，这句话就更有现实意义了。

　　这句话可以在谈论学习的话题中出现，作为论据以强调要广泛学习，要有一种更开放的学习态度。此外，从这句话中，我们还能受到启发，这世界上没有谁能是永远的老师，保证永远都是正确的，所以在探索真理的路上，年轻人不必在专家面前不敢说话，大可以大胆质疑，只有真理才是永远正确的，故而这句话又可以用在谈论大胆探索的文章中。

混沌之原，无皎澄之流

> 混沌之原，无皎澄之流；毫厘之根，无连抱之枝。
>
> 葛洪《抱朴子·广譬》

　　这句话出自东晋葛洪，意思是说："污浊的原野，不会有清澈的河水；细弱的根系，不会有合抱的枝条。"意在通过两种常见的自然现象说明，做任何事情都要有深厚的基础、稳固的根基，有什么样的底子就决定了什么样的前景。葛洪在此没有明言，而是借自然现象，以比喻的手法，让读者自己去体会，从而达到了生动形象、发人深省的效果。

　　葛洪这句话所蕴含的道理是许多古人在自己的文章中都曾阐释过的，也是每一个人都明白的。没有深厚、稳固的根基，就长不出参天大树，任何事物也都是如此。这句话是在告诫那些急功近利之人，不要妄想通过投机取巧的方式很快赢得成

功，即使这样做能有短暂的收效但绝不会维持很长时间。他的
这句话前后半句又各所侧重，前半句重在强调基础的性质，即
原的清还是浊，决定了事物发展前景，即水的清浊，所以我们
也可以理解为外在环境对人的影响。后半句强调基础的深厚与
否，决定事物是否能长远、成功地发展。这样一个道理是在任
何时代都适用的，对于今天我们学习、工作、为人处世同样有
深刻的教育意义。

这句话因其丰富而深刻的内涵，所以能适用于许多作文
中。首先，在谈论学习的文章之中，它可以用来提出一个分
论点，用以论述下苦功打好基础的重要性。其次，在谈论教
育的文章中，它可以表明外在环境、条件对于被教育者的重
要影响及提高教育质量，把握正确的教育方向的重要作用。
再次，在那些批判投机倒把行为，宣扬脚踏实地精神的文章
之中，它既可以作为论点出现，又是极为有力的理论依据。
当然，最明显的还是在那些谈论根基的重要性的文章中，诸
如提高产品质量、服务态度等等文章都属此类，它则是最妥
帖不过的论据了。

学之广在于不倦

学之广在于不倦，不倦在于固志。

葛洪《抱朴子·崇教》

这是葛洪说的一句话，它的意思是说"学识的广博来自于不倦地学习，能够不倦地学习是因为有坚定的志向"。在此，他强调了立志对于一个人学习、事业的重要影响。明确、坚定的志向能成为一种动力，推动人们付出辛苦，不断提高；成为一种目标，指引人们穿越困难，走向成功。因为学习有时是十分枯燥、艰辛而易令人厌倦的，一个人如能始终坚持不懈地学习，那一定是因为拥有远大而坚定的志向。

远大而坚定的志向的确对人的一生有深远的影响，古往今来，许多杰出人物都少年壮志，经不懈努力成就了万世英名。时过境迁，这个道理却没有丝毫改变，明确、坚定的志向对于我们人生的指引，对于我们日常工作、学习的激励是毫无疑问、不言自明的。葛洪这句话其实包含两个意思，一是说在学习中只有不断付出，不畏艰辛才会有所收获；二是说坚定、明确的志向才是不断学习的内在动力。不过，在句中他重在强调后者。相信这样一句简洁明了又具有真知灼见的话，不仅可以启迪当世，而且也能激励今天的我们。

在我们的作文中，这句话可以用在谈学习的题目中，作为其中一个分论点，它着重阐述了怎样学习的问题，可以围绕它展开来说。而其前半句，也可单独用在谈论勤奋的题目中，表明想学有所得就必须勤奋。同时，由于葛洪在其中突出强调了志向这一问题，它自然可以用于谈论志向这一类题目之中，用以表明立志的重要意义，强调它对学业、事业的重大推动作用。

不求甚解

好读书不求甚解。

陶渊明《五柳先生传》

古今中外的大学者、大文学家，很多对书籍和读书都说出过精警的话语，值得后人深思。上面的一句话就是其中一例，它出自东晋时的一位大诗人、大隐士陶渊明之口，是他在一篇带有自况性质的文章《五柳先生传》中对五柳先生，实际上是对自己的评价。它的意思是说"喜欢读书，但不执着于对一字一句的解释"。其中的"不求甚解"并非今天我们常用的不认真的意思，而是说对所读的书只求理解精神，不死抠字眼，或者说不被书本的解释所局限，重在得其神。这应该说是陶渊明对自己读书方法的很好总结，也是他针对当时一些读书人过于倚重章句训诂，牵强附会的治学之风提出的。

陶渊明的这篇《五柳先生传》和他的高洁人格，在封建社会的文人之中有深远的影响，大家所熟知的许多唐代大诗人都在自己的诗作中提到过相关的称呼，如王维说"复值接舆醉，狂歌五柳前"等等，也都多多少少流露出对陶渊明的仰慕，其中的这句提及读书方法的文字，相信也会给他们很深的印象。而封建社会之中的科举制度，尤其是发展到了后期之时，不断地诱导着文人去读死书、死读书，为谋功名而皓首穷经，死抠儒家经典、圣人之言，不知这些人在读到陶渊明的这句话时是否会有所启发。其实，陶渊明的这句话，不仅在封建社会中有极深远的意义，而且对于今天的我们也同样有教育意义。无论是读书，还是学技术、本领，关键都在于得其精髓，而不是死抠字眼或机械地模仿。

这样一句谈及读书的名言，当然可以用在有关读书这一问题的文章之中。而推广开来，在论及学习的文章之中，同样可以用作理论论据，不过在引用时，应加以解释，否则很容易让人误解。如我们可以这样用：在我们来谈读书时，东晋大诗人陶渊明的这句"好读书不求甚解"应颇有启发性，它强调读书不能死抠字眼，而重在理解精神，这是我们应该掌握的一种好方法。

博学以成其道

> 人虽禀定性，必须博学以成其道。
>
> 吴兢《贞观政要·崇儒学》

唐太宗李世民作为一位杰出的古代帝王，不但在政治上建立了丰功伟业，而且在思想上也有着不同凡俗的前瞻性。引文这段话就是他与中书令岑文本谈论学习方面的事而说出的。

唐太宗说的这句话的含义是：上天虽然给予了人好的品性和气质，但人必须博学才能有所成就。在这里，"禀"指"承受，多指自然的本性或气质";"性"是人的天赋本性;"道"是学问。

这段话实际是指出了人的先天素质与后天努力之间的关系。诚如这位君王所言,人如果具有先天的良好素质,那么他在学习和实践的过程中必然会小有所成,但如果想要有所建树,则必须通过后天的努力来不断积累知识,才能有所突破。王安石曾经写过一篇《伤仲永》,仲永此人虽然天赋异禀,但由于出名后不再努力读书,反而为声名所累,昙花一现便不再有所作为了。尽管唐太宗所说的学习是儒家学说,为政治服务,但还是十分有道理的。

我们采用"拿来主义"的方式重新加以诠释,古为今用,就可以说明以下几个问题:

其一,我们不要因为自己先天的素质差而气馁,也不要因为有天赋就自视甚高,无论怎样都要努力钻研所学知识。

其二,人可以通过自己的努力来改变落后的状况。

其三,天赋不是绝对的,人应该相信自己及自己的努力。

何尝见明镜疲于屡照

何尝见明镜疲于屡照,清流惮于惠风。

刘义庆《世说新语·言语》

《世说新语》是南朝宋临川王刘义庆采集前朝遗文逸事写成的。这句话是车武子想向兄弟请教问题,又怕劳累了他们,袁羊知道后对他说的。有了这样的背景，我们就不难理解这句话了，它表面的意思是说"何曾见过明镜因屡次照人而疲倦，清清的溪流害怕暖风吹拂"，其实是在比喻对别人的问题有问必答，诲人不倦，就像明镜和清流一样，不仅可以使人发现不足，有所提高，而且从来不知疲倦。这是袁羊对为师者应有的态度的认识。

这样一句话能被刘义庆收入《世说新语·言语》，可见它在当时是备受世人称赏的，应该说代表了当时人们对为师者的一种认识，即做老师的人应该尽职尽责，有足够的耐心，让人有如沐春风的感觉。其实一直以来，人们在谈及为师之道时，都在强调这样一种态度，从孔子生活的时代，直到今天我们的时代。所以每每在谈及老师的文章中都会提到春风春雨，让人立刻体会到温暖的感觉。

今天当我们写文章时，如遇谈及为师之道的题目，或者让你谈一谈自己心目中合格老师的题目，这句话都可以作为老师应该诲人不倦之下的一个理论论据，当然也可以用它来提出一个分论点，如：诚如古人所言，"何尝见明镜疲于屡照，清流惮于惠风"，耐心是为师者首先应具备的一个条件。

同时这句话也可以稍做变形，来赞美自己的老师，如：老师如明镜不疲于屡照，清流不惮于惠风，从没有对任何同学流露出一点点不耐烦……

总之，无论是在议论文，还是在记叙文中使用这句话时，都应该加几句解说性的话。

道之所存，师之所存

> 无贵无贱，无长无少，道之所存，师之所存。
>
> 韩愈《师说》

　　中唐时代的大文人韩愈在他的名篇《师说》中告诉我们：
"不论地位高贵还是低贱，不论年长还是年少，道理在哪里，老
师也就在哪里。"这是一个简单而不容置疑的道理，然而在韩愈
生活的时代，说出这样的话却需要极大的勇气。当时，中上层
人士耻于相师，形成一种恶劣的社会风气，韩愈勇敢地站出
来，写文章抨击这一现象，并用广收后学的实际行动去对抗流
俗，所以在当时也只有韩愈能说出这样的话。

　　结合当时的背景，我们不得不佩服韩愈的勇气，士大夫们
对那些年龄、地位、学识都有资格做自己老师的人，尚且耻于
求师，更不会有韩愈这样的认识，自然不免讥讽韩愈。韩愈这
句话所强调的是一种广泛学习、虚心学习的态度，如果简单地
概括就是能者为师。今天看来，这样一种态度是十分可取的。
因为个人的天赋、际遇、努力不同，许多比我们地位低、年龄
小的人会在才学上超过我们，对他们，我们不能碍于面子，而
应虚心请教。尤其今天的社会，知识分科越来越细，技术更新
越来越快，就更需要这样一种态度，韩愈的这句话也就更具现
实意义了。

这句话可以用在谈论学习的话题之中，在论及学习态度时，可以用它指出正确的做法；在谈谦虚的文章中，可以用它来做理论论据。此外，这句话还可用在谈论领导干部工作态度的文章之中，用它来证明领导者应虚心听取下属和群众的意见，因为"道之所存"是"无贵无贱"的。总之，这句话强调的是一种虚心的态度，既可以用在学习上，也可以用在工作中。

人之为学有难易乎

人之为学有难易乎？学之，则难者亦易矣；不学，则易者亦难矣。

彭端淑《为学》

"天下事有难易乎？为之，则难者亦易矣；不为，则易者亦难矣。人之为学有难易乎？学之，则难者亦易矣；不学，则易者亦难矣。"这段话揭示了一个朴素的辩证关系，阐明了一个生活真理：任何事情，用心去做，即使是难的，也会变得容易；如果不去做，即使是再容易的事，也会变得困难。学习做学问又何尝不是如此呢？认真地学，刻苦钻研，就是再难的也会变成容易的；不学，或是马虎地学，即使是再容易的，也会变得困难起来。

清朝学者彭端淑在写给子侄们的《为学》一文中开门见山

地提出了论点——学习的成败取决于主观努力。这是针对学习
上容易产生的畏难情绪说的。彭端淑辞官后，后半生在四川锦
江书院讲学，对求学者最易犯的毛病了如指掌，也很善于对症
下药，开导劝诫，所以他在提出本文的论点时，运用了衬托、
设问、对比、反复等方法，由天下事引出学习，其目的就是为
了突出主题，发人深思。

　　《为学》选在中学语文课本中，所以大家都比较熟悉，引用
起来也会得心应手，如果要论证学习上主观努力的决定作用，
那么"人之为学……"一段是最有说服力的；如果要从更广泛
的意义去讨论做任何事的成败关键都在主观努力的话，那么，
我们也可选取"天下事……"一段；若遇到以"难与易"为论
题的文章，那么，这两句设问句都是很好的论证材料。在引用
这些话时，也可将文中贫富二僧的例子拿来作为佐证。

学贵要，虑贵远

学贵要，虑贵远，信贵笃，行贵果。

方孝孺《逊志斋集》

　　方孝孺是明前期的著名学者，年少时跟随宋濂求学，以文
章、理学著称于当时。他不但学问高深，而且品行正直。燕王
朱棣（明成祖）引兵入金陵称帝，命他起草即位诏书，他坚决
拒绝，最后被杀。方孝孺的事迹常被后人用作刚正不阿的典型

事例。他在《逊志斋集》里提出的"学贵要，虑贵远，信贵笃，行贵果"，便是他一生治学修身的十二字要诀。

学贵要，即学习要抓住关键。世上求学之人不计其数，为什么学有所成者寥寥可数？其中一个重要的原因恐怕就是有很多人盲目地去学，皓首穷经却终无头绪，真正的学者不是来者不拒，多多益善，而是领略学问的精要之处，举一反三，从而发现、创新，形成自己的见解。

虑贵远，就是考虑问题要深远。古人对自身修养的一个严格要求就是深思熟虑，三思而后行。这样既有助于个人气质的养成，又能避免轻言冒进而产生的不良后果。

信贵笃，就是要坚守诺言。我们常常被警告不要轻易向人许诺，因为一旦失信，丧失的就不仅仅是自己的信用，还有人格魅力。历史上因为守信而流传千古的故事很多，尾生与情人约会，甘为守约抱柱而死；张劭与友人分别两年后千里赴约重叙友情。他们之所以为后人所称道，就是因为他们身上闪耀着坚守诺言、宁死不渝的精神亮点。

行贵果，就是做事有始有终。故云："靡不有初，鲜克有终。"意思是事情有开头，却很少能有个结尾。事因难能，所以可贵，一个无论做什么事都有始有终的人也一定是一个有修养、德行高尚的人。

方孝孺的这十二个字包含了治学态度、个人修养的多方面内容，在我们的作文中要想引用不可能面面俱到，我们可以根据实际需要截取其中的一点或几点作为论据。

奇伟之观常在险远

世之奇伟瑰怪非常之观，常在于险远。

王安石《游褒禅山记》

宋代著名文学家王安石在散文《游褒禅山记》中，叙述了他与几个人游览褒禅山（即华山，在今安徽省含山县北）的所见所感，其中说，游华山前洞的人"甚众"，而游华山后洞者则"不能穷也"。王安石"与四人拥火以入，入之愈深，其进愈难，而其见愈奇"，但终因洞深险远，人怠火尽而中途退出，未得"极乎游之乐"。出洞之后，王安石感叹道："世之奇伟瑰怪非常之观，常在于险远，而人之所罕至焉，故非有志者不能至也。"意思是说，人世间的奇特、伟大、瑰丽、非凡的壮观景象，常常在艰险遥远的地方，而人们很少能到达这样的地方，非有坚强意志的人不能达到。

王安石从探游观玩中总结出了人生的真谛：世间的许多事物，无论治学、研究、做事，还是探奇，那些真正美好、真正奇绝、真正珍贵的东西，并不是能唾手可得的，不付出一定的艰辛、一定的代价，很难有所收获。所以，成功的路途并不是一帆风顺的。恶风恶浪过后，才可见美丽的彩虹。这样看来，凡是想获得美好的东西，就要求你树立坚忍不拔之志，以执着的精神、坚强的意志、不移的信念来迎接风风雨雨的挑战。作为新一代的年轻人，我们身处于时代翻滚的洪流之中，激烈的社会竞争迫使我们要付出全力来博得最后的胜利，而这美好的理想则恰恰就在险远之处，需要我们不懈地追求与努力。

在作文中，"世之奇伟瑰怪非常之观，常在于险远"这一名言应用范围较广，它可以用于与求学、科研相关的作文中，来说明其间的道理：越是困难，越有钻头；越是肯钻，越能获得成果。

火不钻不生

火则不钻不生，不扇不炽。

葛洪《抱朴子·勖学》

这是东晋葛洪的一句话，它的含义是"不去钻木，就不会有火产生；不去扇动，火焰就不会烧得旺"。由其所出自的篇章的名字，我们可以知道，葛洪在此用一种比喻的手法，阐释了刻苦钻研、不懈努力在学习中的重要作用。他通过最普通的日常现象，形象地揭示了这一求学中的重要道理，给每一个读过的人留下深刻的印象。

对于读书、学习，历来的人颇多感悟，并行诸文字，激励和启发后人刻苦学习。葛洪的话因其用形象说话，而给人以生动启发、深刻印象。总的来说，它揭示了下苦功夫和坚持不懈在学习中的重要性。学习是件苦差事，这是许多人深有感触的。对于学习来说，不仅仅是要耗上时间，更要全身心地投入。不少知识都要在仔细思索、反复求证之后，才能真正掌握，如果没有钻研精神，在学习中就常会白费时间，一无所获。同时学习还是件需要不断努力、持之以恒的事情。因为自身的遗忘，也因为知识的更新，所以要求人们活到老学到老。葛洪的话非常生动地揭示了这一点，点着的火如果不扇就会烧不旺，甚至慢慢熄灭，学习的成效也是如此。古人尚且知道这个道理，并贯彻在自己的学业中，更何况生活于今天这样一个知识更新如此之快，学识要求如此之广的时代中的我们，就更应该做到了。

这句话非常适合于谈论学习话题的文章之中，如前所述，在谈钻研精神、论及持之以恒等题目中，它是绝好的理论论据，不过需在引用后稍加分析，将其比喻的道理阐释一下。当然，在谈到工作态度时，这句话所体现的精神也是必需的，这句话在此类题目中也适用。

人之在教

人之在教，若泥金之在陶冶。

白居易《策林一》

教育对于个人的影响是有目共睹的，中唐时的大诗人白居易在其《策林一》之中所说的这句话，非常形象地概括了教育对于个人的作用。他说:"教育对于个人的作用,就像陶制和冶炼对于泥土和金属的作用一样。"大家知道光洁美丽的陶瓷原本是最普通、不起眼的泥土,坚硬而有光泽的金属也来自于丑陋的矿石,是熊熊火焰的陶冶改变了它们的面貌,使它们成为名贵有用的东西。白居易用这样一个常见的现象为我们阐明了学习教育的重要性,没有人可以不经学习而成才,就像离开了火,泥土永远只是泥土一样。

中华民族历来尊师重教,类似的话语我们可能看到过不少。许多有识之士都能看到教育对于个人,进而对于一个国家的重要作用。个人的天赋、资质有所不同,虽在一定程度上影响一个人的发展,但却远赶不上后天学习教育对个人前途的影响更深远。先天的禀赋只是一个胚胎,后天的学习将它变为有用之才。教育能够改变一个人的一生,不容我们不重视。

白居易的这句话,用形象的比喻阐释了教育的重要作用,所以凡涉及教育重要性的话题,它都可以用进去,诸如科教兴国、论教育等等的题目,它都可以作为其中的一个分论点或理论论据。又如谈到希望工程的话题时,它也可引用进去,因为它所强调的教育改变人的一生的意义,也正是希望工程之所以要大力推进的根本原因。

如中唐诗人白居易所说:"人之在教,若泥金之在陶冶。"离开了教育,就不会成才,或许你今天所捐的一分钱,就能改变贫困地区一个孩子一生的命运。

心不在焉，虽学无成

人若志趣不远，心不在焉，虽学无成。

张载《经学理窟·义理篇》

　　张载是北宋有名的哲学家，因他讲学关中，其学派被称为"关学"。这样一个大学者，是非常注意学习、教育的，所引这句就是他强调读书要志向高远、用心专一的话，值得我们学习、借鉴。其意为：人如果志向、情趣不远大，注意力不集中，即便学习了，也不会有什么成就。在这里，他集中强调的是志向和专心两点，可以说是自己读书的心得，也向我们揭示了学习不是在那里耗时间，一定要用心才行。

　　中国古人是非常重视读书、学习的，相关的名言有很多，其中不少都提到了专心的话题，如孟子说"一日暴之，十日寒之，未有能生者也"，程颐说"学贵专，不以泛滥为贤"，等等。可见专心在学习中是必不可少的，这是因为学习不是件容易的事，需要反复思索才能真正有所收获，又因为每个人的精力、脑力都是有限的，所以必须集中精力才能学好。而张载所提的志向和情趣，对于学习也有很重要的意义，它在很大程度上决定了一个人读书的内容、深度和态度，从而最终影响到一个人能否成功。

　　这句话最切题的用法当然是在谈论读书、学习的话题中，可以用来提出此类文章的论点，也可作论据使用。此外在谈志向、谈情趣、谈专心的文章中，它也可用上，可稍加引申，不局限于学习中，如：诚如宋代的哲学家张载所言"人若志趣不远，心不在焉，虽学无成"，远大的志向是学有所成的重要条件。不仅学习如此，其实，人生、事业等许多事情也都如此，远大的志向是一切成功的重要条件。

读书三到

读书有三到：心到、眼到、口到。

朱熹《训学斋规·读书写文字》

朱熹在《训学斋规》中谈到读书时曾说："余尝谓读书有三到：心到、眼到、口到。心不在此，则眼看不仔细。心眼既不专一，却只漫朗诵读，决不能记，记亦不能久也。"这段话的意思是说，读书时心、眼、口要并用，心思要专一，眼睛要看清，嘴要读出声。否则，就记不住，即使记住了，也不会记得长久。

朱熹可谓参悟了读书方法的精髓，大凡读书，必定需心、眼、口并用，只有三者结合在一起，灵活运用，才能取得好的读书效果。而观察世人读书，很少能做到这一点，他们或是泛泛而读，用眼而不用心，或是用心专一，眼力却不及，或是眼睛死盯着书本，而口中又不诵念，以致记不牢实，不久就会忘记。这些读书之法，都不符合心、眼、口并用的原则，也达不到良好的读书效果。即使在今天，朱熹的这句名言给予我们的启示也很深刻，它教给我们读书之法，使我们能通过正确读书来增长自己的才识、丰富自己的知识、修养自己的气质。

在作文中，"读书有三到：心到、眼到、口到"可以应用于与读书有关的作文中，用以说明读书时要专心致志，心力集中，心眼口并用，才会有好的效果。例如：在学习中，怎样提高效率？蔡元培讲到，唯有专心致志，心力集中。宋代著名学者朱熹也曾对他的学生说："余尝谓读书有三到：心到、眼到、口到。……"（李光伟《中外成才者的足迹》）

惜时勤勉

逝者如斯夫

子在川上曰：逝者如斯夫，不舍昼夜。

《论语·子罕》

川上：河边。斯：代指河水。可翻译为："河水就这样流走了！昼夜不停。"

孔子一生致力于"治国以礼，为政以德"的政治理想，希望给乱纷纷的世道以安定和谐，但是他处于崇尚武力征伐的春秋乱世，这一理想不可能实现。周游列国，难遇知音，他曾发牢骚："道不行，乘桴浮于海。从我者其由与?"（《论语·公冶长》）意思是说："我的主张行不通，那就乘木筏到海上去漂游，跟随我的大概只有子路吧?"要遁世隐居了。以孔夫子的强烈入世精神，他不可能真的去当隐士，这只是一句牢骚话、玩笑话，但也从中可以看出他的无奈和伤感。因此，当他站在河边，看到河中的流水一刻不停，滔滔汩汩，联想到自己年纪老大，事业难成，人生有限，就禁不住借流水表达伤感之情："逝者如斯夫，不舍昼夜。"这一声感叹穿越千古，此后历代文人雅士感慨人生短暂，恐怕事业不成，都用这句名言；或者取其意境，改用这句名言。如"惟有长江水，无语东流"（柳永《八声甘州》），又如"大江东去，浪淘尽，千古风流人物"（苏轼《水调歌头·赤壁怀古》），等等。这句名言之所以传世，一是因为用逝者如斯的流水比喻青春易逝的年华生动贴切，二是因为由此感叹生命有限，恐怕事业不成符合人生之情，既真实又雅致。人到中年，容易发出这样的感慨；但就我们年轻人来说，这种深刻的感情也应该领受，因为年华易逝，少壮不努力，老大徒伤悲呀！

除此之外，这句名言还有另外的深意：由滚滚东逝的河水，联想到世间万物永远在变化，一刻也不停，大千世界永远在运动，刻刻在流转。一切皆流，一切在变，"人不能两次插足同一条河流"（古希腊哲学家赫拉克利特语），这是符合辩证法的。面对运动变化的宇宙、自然、社会、人生，我们一以感叹，一以敬畏，在感叹和敬畏中，吟咏孔子的名言，我们的人生境界仿佛被提高了。

贱尺璧而重寸阴

古人贱尺璧而重寸阴，惧乎时之过已。

曹丕《典论·论文》

这是曹丕的一句话，意思是"古时的人轻视一尺长的美玉而珍惜每一寸光阴，担忧时光匆匆而过"。这句话强调的是古人的惜时精神。人人都知道一尺长的美玉非常值钱，也都会去珍惜它，却并不是每个人都懂得时光的宝贵，而能够珍惜。真正有见识的人才会如曹丕所言，将时光和美玉比起来，他们会更在意每一寸光阴，因为他们担心时光匆匆而过，自己一事无成。同时他们知道，再珍贵的美玉，它的价值也是可以衡量的，而时间的价值是无法衡量的。

其实，从古至今，关于珍惜时光的名言警句数不胜数，这说明在人们的思想认识之中，一直都很重视时间的价值。这句话可以说是其中很有代表性的一句，它将有形的、人人尽知珍惜的宝物同无形的、并非所有人都在意的时光相提并论，强调后者的价值远高于前者，并且交代了之所以如此的原因，因为后者转瞬即逝，一去不返。古往今来，凡有所成就的人，都是十分珍惜时光的。他们所说过的有关惜时的话，都是自己切身的感受，成功的经验，对于今天的我们有着深刻的启发教育意义。

这句话所强调的是要珍惜时光，所以如果遇到谈论惜时这一类问题的作文，它可以作为文中的一个分论点，引出对为什么要珍惜时光的分析，也可以作为一条理论论据用在文章中，加强论证的力度。在谈论成功这一话题时，它也可以用上，不过需先交代出"古来成功的人都是非常珍惜时间的"这类的话，而且它的落脚点依旧是在惜时上。

业精于勤荒于嬉

业精于勤荒于嬉，行成于思毁于随。

韩愈《进学解》

这句话出自唐宋八大家之一的韩愈的传世名篇《进学解》。韩愈在写这篇文章时，刚刚再次被贬，为发泄一肚子才高而不被重用的牢骚，他特意写了这篇文章。在文章开篇，他就借国子先生教导学生之口说出了这句颇能概括进学要义的话"学业因为勤奋而精通，因为玩乐而荒废；品行因为思考而形成，因为因循随便而败坏"。

韩愈说这句话时，是在教育那些在太学中读书的贵族子弟，更是对自己多年来修身学习的经验总结。如他所说，学习是一件需下苦功夫的事情，这不仅包括他所说的正统学业，而且包括今天我们所知道的任何一门知识、技术。只有依靠勤奋的汗水才能浇灌出成功的花朵，而与辛勤付出相比更轻松、更具诱惑力的玩乐，则是学习最大的敌人，它以暂时的快乐，使那些意志薄弱的人陶醉、麻木于其中，浪费了时光，一无所获。这句话的后半句则侧重在修身上，强调了深思在个人修养方面的决定性作用，很多现实的例子也证明了他的话。由于韩愈散文的巨大成就和影响，更因为这句话本身的精警、凝练，自它出现后，千百年来传诵在人们口中，成为许多人的座右铭，激励着后来的读书人勤于治学，谨于修身。

这样一句精警、有力的话，本身就可以作为谈论学习这一问题的文章的中心论点，围绕它阐述勤奋与玩乐对于学习的不同影响。同时，由于它上下句各有侧重，针对下半句，它又可以作为谈论如何提高自身修养这一问题的文章的中心论点。此外，如果遇到了围绕勤奋、思考展开的论说性文章，这句话可以作为其中的有力的理论论据。总之，这是一句很有用的话，它警策有力，适用于谈论学习、修身这一范围的文章。

学不勤则不知道

学不勤则不知道，耕不力则不得谷。

桓范《世要论》

此句意为：学习不勤奋那么就不能懂得道理，耕作不努力就不能得到粮食。桓范用了一个形象的类比，揭示了勤奋在学习中的重要地位。

对于一个人而言，勤奋始终是他成功的法宝。如果要达到某种目的、实现某个目标，没有勤奋刻苦的精神就绝对不能成功。就学习本身而言，应该坚持锲而不舍的精神，不断地通过学习扩充知识、增长才干、提高水平，达到对于人间大道的了解和把握。有些人也曾有过读书万卷的理想，也对知识具有浓厚的兴趣，但在具体的学习过程中，却不愿意付出劳动和艰辛，总希望寻找捷径。"书山有路勤为径，学海无涯苦作舟。"虽然是老生常谈，却不无哲理。那些在追求知识的过程中失败的人，归根结底都是不能持之以恒勤奋学习的人。知识是我们每个人的精神食粮，学习知识是为了充实我们的精神。学习的过程就像农民在田间劳作，没有春种夏耘秋收冬藏的这份辛苦，他们就永远不会有食物。其实，不仅在学习方面我们需要勤奋，在任何方面，我们都应该提倡这种精神。想通过不劳而获在社会中立足，永远只是一个幻想。一分耕耘一分收获，付出之后才会有所收获。

在论述与学习有关的问题，尤其是学习的目的、学习的方法、学习的态度时，可以用此句话作论据，以强调勤奋在其中的重要作用。在谈勤奋的文章中，这句话也可以作为理论论据出现，以表明勤奋付出才能有所得。

桑榆未晚

东隅已逝，桑榆未晚。

王勃《滕王阁序》

这句话出自初唐王勃《秋日登洪府滕王阁饯别序》。句中东隅指日出处，比喻早年的时光。桑榆指日落处，比喻未来的日子。句子的含义是少年的时光虽已消逝，珍惜未来的时日还不算晚。

在《秋日登洪府滕王阁饯别序》中，这句话系于"老当益壮，宁移白首之心；穷且益坚，不坠青云之志"句后，表示早年虽然功业失意，但拯时济世的信心并未泯灭，虽处困顿而情操不移，虽处逆境而壮志弥坚，展示了作者抑扬升沉的情感发展轨迹，披露了交织于内心的失望与希望、痛苦与追求、失意与奋进的复杂感情，表现了王勃虽处于涸泽而不甘沉沦的豪情壮志。

"东隅已逝，桑榆未晚"在写作过程中可以用来表示珍惜时间，即过去的时光已如流水般不可复归，然而未来的时日却需要我们去牢牢珍惜；可以用来谈理想、谈追求、谈志向、谈奋斗，即在过去的日子里，也许我们曾历尽坎坷，也许我们曾饱经磨难，也许我们为了心中的目标孜孜以求，然而却两手空空、一无所成，但是，只要我们坚定信心，执着拼搏，永不言败，总有一天，成功会向我们露出灿烂的笑脸。总之，"东隅已逝，桑榆未晚"的主旨就是不管往日如何暗淡、如何挫折，只要把握今日及未来的时光，从今天开始努力攀登，总有一天会达到理想的顶峰。

百代之过客

> 天地者，万物之逆旅；光阴者，百代之过客。
>
> 李白《春夜宴诸从弟桃李园序》

这句话出自李白，意思是说：天地之间是万物存在的空间，亘古不变；时光流转，似过客历览百代仍在前行。逆旅是旅店、客舍之意。

李白此文以诗语缀结而成，洋溢着诗情画意。语言优美，情味隽永，千百年来一直打动着广大读者，使他们从艺术享受中获得精神上的升华。明代大画家仇英还曾以之为图，更使其脍炙人口而流传至今。"天地者，万物之逆旅；光阴者，百代之过客也"领起全文，奠定了全文珍惜时间及时行乐的基调。及时行乐的思想在我们现在看来是消极颓废的，但在当时封建社会的某些知识分子和达官贵人看来却是普遍存在的。这里我们可以暂时抛开全文的背景及文中作者所反映的思想，单独地来看这句话字面所表达的内容，句中作者以天地时光的无限流转与人生短暂易逝两者形成鲜明对比。万物同居于天地之间，后先相继，新人换旧，代代无穷。流年易逝，时不我待。景色的常在常新与人的华年不再构成强烈的冲突，令人可哀可叹！年年花相似，岁岁人不同，物是而人非。生命如此短暂，时光无限轮转，我们又怎能不珍惜如此易逝的时光？

"天地者，万物之逆旅；光阴者，百代之过客"这句话，现在通常用其惜时之意。在谈论珍惜时间论题时引用此句，可以增加文章的文学含金量，比其他人们常用的俗语、谚语更能新人之耳目。

焚膏油以继晷

焚膏油以继晷，恒兀兀以穷年。

韩愈《进学解》

此句出自中唐韩愈的《进学解》。句意为：夜以继日地学习研究，终年笔耕不辍，勤勉不懈。晷（guǐ），日影之意，即日光，指白天。兀兀，是指劳苦的样子。穷年，即一年到头之意。

《进学解》作于韩愈在长安任国子学博士期间，即唐宪宗元和八年（813）。"进学"是使学业与德行都得到进益之意；
"解"是古代的一种文体，主要用来分析解释文义，正辩理、解
答疑难，属于学术之性质。全文以师生问答的方式缀结而成，
借诸生之口，将自己仕途不畅、体衰多病的悲愤之情淋漓尽致
地表达出来，深刻地批判和揭露了中唐时期用人不公不明、贤
愚颠倒，人才被废弃埋没等不合理的社会现实。

"焚膏油以继晷，恒兀兀以穷年"在文中，系诸生对国子先
生韩愈终年勤于治学、精于学业的高度褒扬，认为他实在是勤
奋刻苦、德才兼备。而后对其"公不见信于人，私不见助于
友"，常常处在"跋前踬后，动辄得咎"的窘困状况，提出质
疑，从侧面揭示出中唐用人不公之时弊。

运用"焚膏油以继晷，恒兀兀以穷年"时，我们可以暂时
抛开《进学解》中韩愈所发之"牢骚"而独立地看待此句，那
么这句话则阐明了一个人需有恒，有恒方能成功的道理，指出
只有坚持不懈地学习研究，才能通晓深奥学问之奥妙。因此，
在写作中我们可以用此句来论述恒心、立长志的问题，只要有
恒心，铁杵就能磨成针。

立志以恒

弃隶者若弃泥涂

弃隶者若弃泥涂，知身贵于隶也，贵在于我而不失于变。

《庄子·田子方》

　　《庄子·田子方》中老聃向孔子讲述达到至人境界的方法：像吃草的野兽不怕变换草泽、水生的虫类不怕变换池沼，至人则不会让喜怒哀乐的情绪侵入心中。在至人看来，天下乃万物特性的同一，所以视四肢百骸如尘垢，视死生终始如昼夜的变化，任何时候内心并不受到扰乱。至于得失祸福就更不萦怀了。他能做到"弃隶者若弃泥涂，知身贵于隶也，贵在于我而不失于变"，意为：舍弃得失祸福同舍弃泥土一样，（因为）知道自身比得失祸福更可贵，可贵在于自身不因变换而丧失。

　　至人是《庄子》中一种理想人格的名号。至人"弃隶者若弃泥涂，知身贵于隶也，贵在于我而不失于变"的精神境界是对世俗事务的超脱，是对人生囿域的突围，是一种安宁、恬静的心境，是通过精神修养而获得的一种真实。

　　实际上，这不但是道家理想的精神状态，也可扩展为个人独立人格的修养境界：不屈服于威逼利诱，不陷溺于功名富贵，不用心于得失祸福，不苦恼于扬抑褒贬，保持自己崇高的气节、坚定的信念、纯素的本色。

在写作中，写到类于《庄子》所写"至人"者——得失祸福不萦于怀、喜怒哀乐不入于胸，宁然不动心者，可用这句话来概括其特征。

写到那些尽管遭遇无数困境或面临各种诱惑而依然一如既往、抱定信念不变者，可用这句话来说明其精神状态。

写到那些不屈不挠、不卑不亢，经历了严峻考验仍保持崇高气节而岿然不动者，这句话可以作为他们最好的心理注解。

任重而道远

士不可以不弘毅，任重而道远。仁以为己任，不亦重乎？死而后已，不以远乎？

《论语·泰伯》

弘毅：刚强坚毅。任：使命，已：停止。这句话可翻译为："读书人必须刚强坚毅，因为他肩负的使命重大并且实现这使命的路途遥远。把仁当作自己的使命，难道使命不重大吗？一直到死才会停止，难道路途不遥远吗？"

这是孔子的弟子曾子说的话。我们现在非常熟悉的成语"任重道远""死而后已"就出于这段话。现在把整段话录出，我们的理解就会加深了。读书人为什么"任重而道远"呢？因为他以"仁"为人生使命。"仁"在儒家的思想中占据核心地位。"仁"在《说文解字》中的解释是"从人，从二"，意思是说，仁字以人为中心，而"仁"中的人又不是单个的人，而是两个或两个以上，这样"仁"所关注的就是人与人之间的关系。怎样把这种关系由最容易冲突，整治为和谐，这关系到社会的安定、每个人的福祉。儒家认为，要达到和谐的人之关系，首先要爱，所谓"仁者爱人"，排除一己之私，让人人亲爱团结；其次，以仁为核心（即以爱为核心），建立等级秩序，每个人都安于其位，这就是"礼"，所谓"克己复礼为仁"。显然，若想实现"仁"的理想很难很难，读书人以此为己任，建立一个理想社会，这使命难道不重大吗？实现这一理想，又绝不是一朝一夕所能办到的，尽一生的努力也未必能成，所以这路途又是遥远的。如此"任重而道远"，一般人是难以承受的，因此曾子提出了读书人的可贵的人格：刚强坚毅。

明白了这段话的含意，我们就会理解孔子推行其政治主张，为什么能矢志不渝，至老弥坚；就会明白马克思、恩格斯为什么放弃享乐，为劳苦大众设计新的生活；就会明白那些志士仁人、革命先烈为什么颠沛流离甚至抛头洒血。

我们可以用这句名言盛赞他们，也可以用这句话自我勉励自我鞭策。

后生可畏

后生可畏，焉知来者之不如今也？

《论语·子罕》

全句是："后生可畏，焉知来者之不如今也？四十、五十而无闻焉，斯亦不足畏也已。"这句话可理解为："后生是可怕的，怎么能知道后来的人不如现在的我呢？人到四十、五十岁仍默默无闻，也就不值得敬畏了。"

孔子是承认并且重视年轻人后来居上的。因为后生年富力强，有充足的时间和精力积累学识能力，又因为后生是站在前人的肩膀上，故能跳跃得更高，因此后生的发展趋势可畏。在一个崇拜老年、压抑青年的古老国度里，孔子能有这样的认识，可谓智者。至于说人到四五十岁就不足畏，也不能看作是孔子轻视中老年人，而是说既然后生可畏，中老年人更应自勉努力，不要一事无成。从这句话中，提炼出的"后生可畏"的成语最为人熟知。

在作文中常用它来赞赏年轻人后来居上，所谓长江后浪推前浪。另外，也可在作文中，用它来表达年轻人的自信和豪气。

可以托六尺之孤

可以托六尺之孤，可以寄百里之命，临大节而不可夺也——君子人与？君子人也。

《论语·泰伯》

这句话是孔子的学生曾子说的，意为："可以把幼小的孤儿和国家的命运都托付给他，在大是大非面前，不能动摇他的理想、节操，这种人是君子吗？是君子呀！"

朗读这句话，我们仿佛能看到两千多年前的古人说话的神态和风采。

儒家最推崇君子，君子最讲求气节和信义。这句名言就是盛赞君子的气节和信义的。

我们看《三国演义》，诸葛亮受刘备三顾茅庐的知遇之恩，从此辅佐刘备，"鞠躬尽瘁，死而后已"。刘备临终之前，"白帝托孤"，从此诸葛亮又辅佐刘禅，九出祁山，六伐中原，殚精竭虑，以求恢复汉室，最后壮志未酬，病死于五丈原军中。诸葛亮正是"可以托六尺之孤，可以寄百里之命"的君子，千秋之后，仍令人仰慕。

我们再看更久远的历史。周武王死后，成王即位，他只是个小孩子。武王的弟弟姬旦，史称周公，接受武王的遗命，辅佐成王治理天下。为了招纳人才，周公"一饭三吐哺"，即吃饭的时候，来了三次客人，他为了及时接见，口中的食物不及咽下，三次吐出；"一沐三捉发"，洗一次头，三次握着湿发出来接见客人。周公是"君子人与？君子人也"。

再看革命导师马克思和恩格斯。马克思学问博大，聪明过人，以他的才能，在社会中谋一个好职业不费吹灰之力。但马克思以解放全人类为己任，视富贵如浮云，这样贫穷就跟随了马克思一生。而为了在经济上支援马克思，恩格斯经常放弃自己喜欢研究的课题，甚至从事最不喜欢的工作——商业活动。可以说，没有恩格斯的援助，马克思必然死于穷困。马克思逝世后，恩格斯用去余生之力，整理完善马克思的手稿，使皇皇巨著《资本论》得以面世。这样的友情感天动地，这样的气节和信义非常人可及。

上举三例，都可以用曾子这句话评价之赞颂之。凡是具有高超的气节、坚定的信义的人，我们都可以如此评价他赞颂他。

孔子登东山而小鲁

孔子登东山而小鲁，登泰山而小天下，故观于海者难为水，游于圣人之门者难为言。

《孟子·尽心上》

孔子和孟子是儒家的两位圣人。作为晚辈的孟子，虽然由于时代相隔未做过孔子的学生，但孔子在他的心目中却具有至上的地位。他常以孔子为榜样激励自己和教育别人。曾经有这样几句话出自孟子之口："孔子登东山而小鲁，登泰山而小天下，故观于海者难为水，游于圣人之门者难为言。"意思说：孔子登上了东山便觉得鲁国变小了，登上了泰山便觉得天下也变小了，因此，见过大海的人，面积小的水就难以吸引他了，在圣人门下学过的人，一般人的言论就难以使他感兴趣。这段话如果更清楚地解释就是：孔子登上东山而觉得鲁国小，登上泰山而觉得天下小，这是因为站得高而看得更远的缘故。以此来推论，见过大海的人，很难再有别的水能吸引他，因为他见过了天下最广阔的水；在圣人门下学习过的人，很难再有别的言论能吸引他，因为他学过天下最博大精深的学问。

在此，从孟子这几句话以孔子为例，固然可以看出他对孔子的了解与景仰，但意义并非止于此。更为重要的是，这几句话在陈述了一种现象或者说规律的同时，告诉人们学习时要高瞻远瞩，要树立远大宏伟的目标，具有宽广阔大的视野，莫囿于狭小浅薄的见识，这样才能取得辉煌的成就，学到最大的本领。有句话是从相反的一面说的，不想当元帅的士兵不是好士兵。相反归相反，可实际是异曲同工。

在作文中，以下的几种情况都可以用这几句话：用这几句话讲学习前首先要确立远大的志向，让高于现实的伟大目标鞭策自己不断攀登，锲而不舍地奔赴理想王国；用这几句话描述某些高雅脱俗者，某些博闻广识者，某些经天纬地者，某些身经百战、阅尽沧桑者所达到的人生极致境界；用这几句话来说明人生超乎寻常的经历，有让人产生超凡的或洒脱淡然，或身心俱寂，或大气磅礴，或成熟稳健的心理态势。

富贵不能淫

富贵不能淫，贫贱不能移，威武不能屈。

《孟子·滕文公下》

孟子好辩，这段话即出自他与景春的一场辩论之中。景春是当时的一名说客，擅长纵横之术。春秋战国时期，礼崩乐坏，诸侯纷争，在诸侯国之间活跃着一批朝秦暮楚的谋士。他们以纵横捭阖之术玩弄国君于股掌之上，从而牟取高官厚禄。于是，这些纵横家中的佼佼者便成为同类心仪的对象，景春就十分崇拜公孙衍、张仪这样的纵横大师。有一次，当他向孟子说这二人是其心目中的"大丈夫"时，孟子很不以为然，并立刻针锋相对地反驳说，他们怎么能算是大丈夫呢？他们东奔西走，合纵连横，不行仁义，唯利是图，像这样的人哪里算得上是大丈夫！只有那些"富贵不能淫，贫贱不能移，威武不能屈"的人，才能称得上是大丈夫。所谓"富贵不能淫，贫贱不能移，威武不能屈"，意思是"富贵不能乱我之心，贫贱不能变我之志，暴力不能屈我之节"。在孟子看来，只有那些具有坚定信念和坚强意志的人，才是真正的大丈夫。

两千多年来，孟子的这段话一直广为传诵，并且已经融入我们民族的血脉，成为中华民族精神的主旋律，鼓舞着无数的炎黄子孙去拼搏、去奋斗。这掷地有声的三句话，既是对民族精神的一种高度概括，也是对个人人格的一种价值判断。回首历史，无数前驱先贤以自己的行动实践了这一精神，无论是金钱地位的诱惑、艰难困苦的磨难，还是权势暴力的压迫，都不能改变他们锲而不舍的人生追求，动摇他们义无反顾的坚定信念。在改革开放与商品经济深入发展的今天，孟子的这段话仍然具有巨大的现实意义，仍然以其历久弥新的内涵震撼着我们的心灵。也就是说，不管在任何历史条件下，我们民族的生存和发展都离不开这种民族精神的发扬光大。

孟子的这段话在以下题材的作文中可作为中心观点：一是歌颂或评述我们民族精神的作文，可以将这段话作为民族精神的一种概括，围绕着它展开议论；二是与反对腐败、提倡精神文明有关的作文，可以将这段话作为反腐倡廉、以德治国的利器，围绕着它组织材料；三是与青年人理想、道德、情操有关的作文，可以将这段话作为青年人励志的目标，围绕着它进行发挥。总之，孟子的这段话言简意赅，内涵丰富，不仅使我们感受到一股昂然的民族正气，也使我们能准确地理解和把握我们的民族精神。如果在作文时能运用得当，一定会收到良好的表达效果。

路漫漫其修远兮

> 路漫漫其修远兮，吾将上下而求索。
>
> 屈原《离骚》

这是中国文学史上第一位伟大的浪漫主义诗人屈原，在他最著名的代表作《离骚》中说的一句话："道路漫长而遥远，我将上天下地去追求探索。"不了解屈原的遭遇就无法理解这句话的分量，屈原作为战国末年楚国的贵族为国家强大尽心尽力，无端遭谗被放逐，但报国之心不减，直至郢都被破，他感到无力回天，投汨罗江自尽。《离骚》中这句话，表明在被打击、被放逐的处境中，他仍不放弃报国的宏愿，体现了他为实现崇高理想而执着追求的精神。在他的执着之中流露的是一种爱国情怀，这样一种情怀使他备受后人称赏。

屈原的这句话对后世影响很大，曾激励过无数有理想、有抱负的人为实现目标而克服困难，不断探索。这样一种对理想、信念执着追求的精神，也是中华民族精神的重要组成部分，应该被弘扬。大凡远大的抱负、宏伟的志向，其实现的过程都是充满艰辛的，这就要求追寻的人必须有执着的精神，否则就会被困难吓倒。同样对其他一些事物，如真理、事业等，也需要这样一种永不退缩、不断追寻的精神。一切美好、光明的事物都要在付出努力之后才能得到。这句话所体现的执着精神、探索精神，也将激励今天的人们去为理想、信念而奋斗、拼搏。

当我们要赞美革命者、科学家、改革者等等为了真理、事业艰难前进，努力探索的时候，我们就可以用上这句话。当我们在论说性文章中，见到了谈论执着精神、探索精神的题目时，屈原和他的这句话都不失为有力的论据。当我们在谈论成功、事业这些话题时，也别忘记了这句话。当我们要讨论民族精神时，别忘了这句话和它体现的可贵的精神。

后生可畏

后生可畏，来者难诬。

曹丕《与吴质书》

这是曹丕说的一句话。它的意思是"年轻人大有希望，令人敬畏，来者怎么样，不能妄加评论"。其中的"诬"本为"诬陷"意，在此引申为"妄加评论"。这句话强调的是一种科学的对待新生事物的态度，即要以一种发展的眼光去看待新人新事，不能因为今天的弱小而轻视他（它）们。

其实，早在孔子的口中就已经说过"后生可畏"这句话了，而且今天它已成为一句成语经常出现在人们的语言中，可见这已是一种深得人心的观念。不过在实际行动中，人们常常没有做到这一点。对新事物、年轻人，人们常会有这样一种态度：轻视，不愿接受。因为新事物处于初始阶段，总会有多多少少的不足，又与人们习惯的事物不同，所以看起来常会觉得不顺眼。年轻人也会因缺乏经验、资历较浅，而让人觉得有所不足。然而，一切强大的事物都有一个逐渐发展的过程，任何一个有所成就的人都有他成长的过程。故而，对于那些暂时弱小，似乎不起眼的新生事物或年轻人，我们应该看到它（他）们的发展前景，多加鼓励，以一种发展的眼光去看待它（他）们，以一种谨慎而宽容的态度去对待它（他）们。这句话所说的就是这样一种态度，值得我们牢记于心。

在作文中，如果我们遇到了谈论有关人才培养的话题时，这句话可以引出作一个分论点，来表明在人才成长的道路上，年长者应该有这样一种正确态度，这也是培养人才的一个重要条件。此外，在谈论对新人新事的态度的议论文中，这句话既可作论点也可作理论论据来使用，因为如前所述，它所强调的发展的、谨慎的态度是十分科学的。

足不强则迹不远

足不强则迹不远，锋不铦则割不深。

王充《论衡·超奇篇》

这句话是东汉时的唯物主义哲学家王充在他的代表作中说出的，它意思是：如果脚力不强那么足迹就不会很远，锋刃不锐利那么割肉时就割不深。他用日常的现象告诉我们自身素质、基础的重要性。

通过这句话，我们更加明白了一个道理：在一个人向理想进军的过程中，必须通过学习，不断提高自身的素质、能力，这样才能不断走下去；如果不能不断加固自己的根基，提高自己的水平，要达到某种较高的目标，是不可能的。可以说，生活中没有理想的人很少，绝大多数人都曾有过这样或那样的理想。但是最终能达到目标的人却不多，因为很多人没能坚持不断地学习、提高，就没有为成功打下足够的基础，积攒足够的实力。对于读书阶段的学生而言，应该珍惜时间、刻苦学习，尽可能多地掌握知识和技能。只有有了知识和技能，才能把未来的工作做好，也才能最终实现自己的远大理想和抱负。对于在工作中渴望有所作为的人来说，也需要不断学习、提高，才能出成绩。

在写论述知识的重要性或自身素质的重要性一类作文时，

可以用该句作论点，以展开论述。在谈论成功这一话题时，它可以作为一个分论点出现，以说明日常打基础是成功的一个重要因素。在说到基础、根基的题目中，它可以表明所论问题的重要性，作一个有力的论据。

经霜弥笃

蒲柳之姿，望秋而陨；松柏之质，经霜弥笃。

刘义庆《世说新语·言语》

刘义庆在编《世说新语》之时，按内容的不同分了三十六门，言语之门记下的自然是当时名士的精彩的言辞。这句话是顾悦在回答简文帝的问题时说出的，因二人同岁，顾悦的头发却先白了，简文帝问他为什么会如此，顾悦就作了这样的回答。顾悦的这句话本意是在称赞简文帝，说自己像蒲柳，简文帝像松柏。它的意思是："蒲柳的芳姿，在秋天刚刚要来之时就凋落了；松柏的质地，在经历霜雪之后越发显得繁茂。"今天我们再来理解和使用这句话时，更多的是用它所揭示的人生道理，而不再去想它说出的特定意思了。

古人将松竹梅合称岁寒三友，并常以它们比拟那些有节操、道德高尚、意志坚强的人。这句话通过对比的手法以自然现象来比拟人的品质、道德、意志等是否经得起考验。柳条柔美，能在春风中舒展枝叶，却经不起寒冷，在秋天刚刚来临之际，就早早地陨落了，而松柏却能斗严寒、傲霜雪，在风雪之中越发显得青翠。这就像我们身边的人一样，那些意志薄弱的人，在处于顺境之时，不会暴露出自己的不足，而一旦境遇发生变化或面临真正的考验之时，就会显露出他意志的薄弱，道德修养的不足。而那些道德高尚、意志坚强的人，会在真正的考验面前更好地表现出自己的高贵品质。

因为这句话是将两种事物并举加以对比，以便更好地凸显出双方的优劣，所以我们可以在作文之中全句引用，如在谈意志、论考验一类的题目之中。同时我们也可以引出前半句或后半句来单用，用以批评那些没有道德感、缺乏意志的人或赞美道德高尚、意志坚强的人。此外，在论述个人修养的作文中，我们可以用这个作论据。

老当益壮

> 老当益壮，宁移白首之心；穷且益坚，不坠青云之志。
>
> 王勃《滕王阁序》

这句话出自初唐王勃《秋日登洪府滕王阁饯别序》。意思是说老了应当更有志气，怎能在白发苍苍时改变自己的心志？处境艰难意志反而更加坚定，不放弃自己远大崇高的志向。

《秋日登洪府滕王阁饯别序》是中国古代骈文中传诵千秋的名篇精品。文章约作于上元二年（675年）王勃前往交趾（今越南河内西北）看望父亲，路经南昌，恰逢"九月九日（洪）都督大宴滕王阁"（《新唐书·文艺传》）之时，文章在整体上把抒情、写景、叙事、议论、使事、用典熔于一炉，在描述自然景物，如"潦水尽而寒潭清，烟光凝而暮山紫""落霞与孤鹜齐飞，秋水共长天一色"的同时，抒发了自己"时运不齐，命运多舛"，空有壮志却无报国之门的深沉的孤独落寞感。然而，王勃毕竟是生长于蒸蒸日上、国势渐强的初唐时期的具有革新蓬勃意识的青年人。他在直抒了怀才不遇的心绪之后，又高唱出"老当益壮，宁移白首之心；穷且益坚，不坠青云之志"的激昂乐调，表现出身处逆境而不随波逐流的乐观开朗的情怀。此句片言居要，为全文之警策。

"老当益壮，宁移白首之心；穷且益坚，不坠青云之志"向我们展示出一幅不因年龄的增长而丧失斗志，不因处境艰苦而自甘沉沦的激扬斗志图。文中的"老""白首"系虚指，非真老、真白首，而是指年华的消逝。这句话在写作中，如谈理想、谈志气、谈进取、论奋斗、论逆境之类的文章，可以表现出写作者积极乐观、勇于探索奋进的精神境界。

坦荡如砥

坦荡如砥，履过蒺藜。

皮日休《动箴》

　　生活于动乱而腐朽的晚唐时代的皮日休，是一个非常了不起的文人。他用自己的诗文深刻地反映那个时代的黑暗与动荡，并且身为唐王朝的进士，他还参加了黄巢的起义军。这在封建文人中是极为少见的。所引这句话出自他的《动箴》，大家都知道，"箴"是一种文体的名字，是用来规诫的，自然这句话是在谈论如何做人，意为"为人处世应当端正无邪，坦荡如砥石，那样的话就是遍地荆棘，也依旧能走过"。这句话强调的是人自身要有坚贞的节操、端正的行事方式，才能克服各种困难，经受得起各种考验。

　　在这句话中作者运用了比喻的手法，使道理阐述得更形象，细密的磨刀石称为"砥"，它的平坦是可想而知的，我们做人就应该坦荡端正像它一样。在句中，皮日休强调的是人自身的态度与品质，认为这才是最重要的，决定人能否经得起考验的关键。当然句中的"蒺藜"，不仅指困窘与逆境，而且还应该包括威逼利诱等许多形式。在这形形色色的考验面前，只有具有坦荡的胸怀、端正无邪的态度的人才能安然度过。这句话不愧为《动箴》中的话，说的就是为人处世该有的正确态度，而且千百年后依旧能作为我们的箴言警句，时时提醒我们端正做人。

　　这句箴言在许多涉及做人的文章中都可以用，如我们遇到谈论人的节操、品行的话题，它可以作为文中的论点与论据出现；又如，谈及如何度过困境、如何面对考验等题目，它可作为论据，以表明面对它们的关键在于个人的内在品质。在谈到廉洁奉公的话题时，它也是很好的论据，可以用来说明领导干部一定要自身坚定，才能经得起各种各样的考验，做一个刚正不阿的好干部。

心不清则无以见道

心不清则无以见道，志不确则无以立功。

林逋《省心录》

北宋的诗人林逋是一个非常有意思的高人。他隐居西湖孤山，种梅养鹤，终身不仕，也终身未娶，被人称为"梅妻鹤子"。所以在他谈人生感悟的书中出现上面所引的话，是再合适不过的了。其意为：心地不洁净就不能发现事理，志向不坚定就不能建立功业。它告诉我们，只有心底无私，志向坚定，才能洞察事理，有所成就。这或许正是他对自己人生经验的总结，也能给我们以很大启发。

林逋的话，细想很有道理。很多时候，很多人，犯错误都是因为被私心、私欲蒙住了眼睛和心智，以致很简单的事理他们也看不到，或者视而不见，例如那些腐败分子，那些投机奸商。同时目标明确，志向坚定，无疑是我们走向成功的必要条件，因为任何成功都不是轻易就可以获得的，会遇到形形色色的艰难险阻，这时如果志向坚定就会毫不退缩，从而不断前进，走向成功。而林逋将它们合在一起，其实是在强调，人一定要先心地纯洁，明白事理，找准方向，然后再加上坚定的志向，不懈的努力，才能成功。

他这句话在作文中使用，可分可合，如我们在反腐倡廉的题目中要批评腐败分子，挖掘腐败的内在原因，这句话的前半句不妨一用；如果我们遇到了谈志向的文章，那么他的后半句就非常切题。在诸如谈论成功、谈做人的话题中，它就可以完整地出现，作为文中的一个分论点或论据来使用。

立大事者

> 古之立大事者，不唯有超世之才，亦必有坚忍不拔之志。
>
> 苏轼《晁错论》

这句名言出自宋代文学家苏轼的《晁错论》。他在评论晁错时说："天下悲错之以忠而受祸，不知错有以取之也。古之立大事者，不唯有超世之才，亦必有坚忍不拔之志。"它的意思是说，古时候那些干出大事业的人，不仅有非常卓越的才干，还必定有在任何情况下都很坚定、毫不动摇的志向。

东坡先生的这句名言言简意赅，却概括了世间一切成功者的共通之处。凡是立大志、干大事的人，不只是具有超越世人的才干，还必然有坚定不变的意志。这种意志支撑着他历尽风风雨雨的洗礼，闯过重重叠叠的险关，向着最终的目的地一无所惧地迎头迈进。而一旦他失去了这种坚定的信念和意志，那么即使他具有才干，做事也一定会半途而废、虎头蛇尾。所以，要想成就一番事业，定要培养自己坚强、勇敢、乐观、向上的精神，以执着的态度随时准备迎接挑战。

"古之立大事者，不唯有超世之才，亦必有坚忍不拔之志"，这句名言可以应用于与立志有关的作文中，用以说明志向坚定是成就大业的一个重要条件，以此来鼓励人百折不挠，顽强进取。例如，"逆境，对弱者来说，是倾覆生活之舟的波涛；对强者来说，是锤炼坚强意志的熔炉。……人们常用'百折不挠'来形容一个人不怕失败的顽强进取精神，事实上，许多科学成就的取得，何止'百折'！苏轼在《晁错论》中说，'古之立大事者，不唯有超世之才，亦必有坚忍不拔之志。'斯言诚哉！"

立志在坚不在锐

> 立志在坚不在锐，成功在久不在速。
>
> 张孝祥《论治体札子》

张孝祥为宋代著名的词人，也是一位政绩卓著的地方长官。一次他在进谏给皇帝的札子中说："然臣闻之，立志在坚不在锐，成功在久不在速。治有大体，不当毛举细故；令在必行，不当徒为文具。"前两句的意思是说，对立志向要坚定，而不要图锐进；事情的成功在于持久，而不在于速成。

张孝祥的这句话虽然意在说明治国的方略，但它寓意精深，涵盖的范围相当广泛，无论是修身、处事，还是立业、治国，一切成功之要害皆在于树立坚忍不拔之志，长期坚持不懈，这样才能实现目标。纵观古今，大凡有作为者必定经过一番艰苦的磨炼，无论是在风雨飘摇之际，还是在情势危急之时，他都会始终如一地坚持自己的志向，不放松，不气馁，不急躁，经得起任何艰难险阻的考验，始终以一颗平常心来泰然处之。这句话可以说是经人生积淀而成的至理名言，它时刻给予我们警醒，告诫我们无论拥有怎样的才气、无论立下多么远大的志向，成功都不是一蹴而就的事情，不可能轻易得到，而是要长期坚持不懈、持之以恒、奋斗不息，只有经过一番艰难困苦的磨炼，才能实现自己的人生理想，成就自己辉煌的事业。今天，"立志在坚不在锐，成功在久不在速"仍以其深邃的哲理性启人深思，劝勉、鼓舞着人们执着向前、奋斗不止。

在写作实践中，这句名言浅易、通俗，它可以用于与立志、求学有关题材的作文中，比如，它可用以说明要想成就事业，必须付出艰苦的劳动，以此告诫年轻人不要心存侥幸，企图轻易成功。

千里之行，始于足下

合抱之木，生于毫末；九层之台，起于累土；千里之行，始于足下。

《老子》第六十四章

　　《老子》第六十四章，描述了事物发展变化的辩证法。老子指出，大的事物总是从细小、微末的阶段发展来的，总是要经历生成、发展、变化的过程。这样，人们就应该掌握这种规律，了解局面安定时容易维持，事变没有出现迹象时容易谋划，事物脆弱时容易消解，事物细微时容易打散，要未雨绸缪，防患于未然。在人生和治理国家方面，坚守自然之道，做到谨小慎微和善始善终。

　　在本章，老子用"合抱之木，生于毫末；九层之台，起于累土；千里之行，始于足下"，阐述了世间万事万物"大生于小"的变化发展规律。如合抱的大树，是从细小的萌芽长起来的；九层的高台，是从一堆土建筑起来的；千里之遥的路程，是从脚下第一步开始行走的。这段话质朴而深刻，它所蕴含的辩证思想曾启发了无数中国人，特别是"千里之行，始于足下"成为许多中国人的座右铭。看似简单的道理，却耐人寻味，如此种种仿佛就是人生的投射。人生在世，有多少人能够一步登天，多少事能够一蹴而就？能者寥寥。于芸芸众生而言，要想能够对着梦想的花朵大饱眼福，就只有从一点一滴做起，经过一系列由小到大、由弱到强的艰难蜕变后，方能享受到成功的喜悦。这段话对于纠正今天某些人身上表现出来的明显的浮躁作风，别有一番意义。

　　这段话用到作文中，可以作为以下几种情况下的观点：直接用来说明任何事物都有着由小到大，由量变积累到质变飞跃的发展变化规律；正面概括说明无论做任何事都必须从点滴做起，持之以恒，不能好高骛远；用来作为经典性陈述，来批评异想天开，主观上不努力从小事做起、从自己做起而又妄想获得成功花冠的人。

一曝十寒

虽有天下易生之物也，一日暴之，十日寒之，未有生之者。

《孟子·告子上》

孟子试图推行王道主张，而其当时的政治处境却是"知音少"，受到了重重的阻力。他总结出其中的一个重要原因不是君王本身不明智，而是君王身边总有一些人频繁地从中蛊惑、作梗，君王听信了那些人的花言巧语，便对不常在身边的孟子的话不以为然了。

孟子就这种情形打了一个比喻，说"虽有天下易生之物也，一日暴（同"曝"）之，十日寒之，未有生之者"，意为：即使是天下最容易生长的植物，要是晒它一天，冷它十天，也是不能存活的。进一步解释为：辅弼君王正如培育植物一样，而一旦君王身边的小人太多，那么纵使有个别贤臣提出良好的建议也无济于事。孟子在这里把君王比作"天下易生之物"，强调说君王的不明智并不是缘于本身的糊涂，而是由一些别有用心者的伎俩所致。就儒家的思想实际来分析，孟子这话有较强的对君王尊严进行维护的成分。

孟子的许多思想理论主张在后世的发展中不断有新的解说，产生新的效应。如他所说的"虽有天下易生之物也，一日暴（同"曝"）之，十日寒之，未有生之者"，在今天，其政治血缘已多被人忘却，人们更多地用它来告诫自己或他人凡事如果不一以贯之，不肯多下功夫，那么就不可能有多少收获。

在探讨学习、工作态度的作文中，可以引用它来告诉人们对待学习、工作千万不可三分钟热血，只凭一时兴致做事，否则，一时的努力抵偿不了长时间的疏懒，就很难获取成功；而人要有的是——持之以恒、锲而不舍的精神。

这段话也可写在作文中，来帮助某些在社会人际交往中的孤立者，寻找到缺少真心朋友的症结。这便可能是：为人做事太以自我的情绪为中心，太随心所欲地处理自己与他人之间的情感关系，特别是很少考虑他人的感受，经常冷淡和怠慢他人。

不积跬步，无以至千里

不积跬步，无以至千里；不积小流，无以成江海。

《荀子·劝学》

跬（kuǐ）步：半步。这句话可译为："积累无数个半步就会成就千里之途，小小的溪流汇聚而成浩瀚的江海。"

这是我们非常熟悉的劝学名言。它告诉我们凡事都应从大处着眼，小处着手。大处着眼，是说凡事都立足高远，胸怀大志；小处着手，是说任何事业的成功、人生目标的实现，都要见之于行动，成就于一点一滴的劳作和意志坚强的努力。

荀子善于用比喻和修辞、类比论证的方法讲道理。同在《劝学》篇中还有另外一句名言与此同义："锲而舍之，朽木不折；锲而不舍，金石可镂。"如果说上一句名言强调成功是艰苦劳作的点滴积累，这一句则强调成功需有顽强的毅力。它告诉我们，只要有"锲而不舍"的精神毅力，世界上没有办不成的事，只要这事是符合主客观实际的。所谓"世上无难事，只怕有心人"。

一个人如果胸怀大志又不尚空谈，以坚强的毅力从点滴小事着手，最终成就事业，就不仅超越了自身，而且超越了前人，达到"青出于蓝而胜于蓝"的境界。

云厚则雨猛

> 云厚者，雨必猛；弓劲者，箭必远。
>
> 葛洪《抱朴子·喻弊》

东晋的葛洪是一位非常善于用日常现象启发人、教育人的先生，在《抱朴子·喻弊》中他说了上面的这段话，意为"云层浓厚时，雨势一定猛烈；弓弩强劲时，箭也一定射得远"。结合它所出自的篇章，我们知道，他在告诫人们，对于小的错误、弊端一定要及时弥补、改正，否则会愈演愈烈，危害重大。这样一种认识是极具现实意义的，我们时常见到身边许多人不在意小毛病、小问题，不严格要求自己，最终深受其害。

葛洪的话所谈的道理，许多人都说过，不过大家所选的角度各有侧重罢了。葛洪选的是纵容弊端会造成的结果这个角度，强调了积重难返的道理。他虽没明确点出，问题在弱小时就及时纠正会更容易，却用比喻手法从反面指出了弊端积习发展积累后必将危害严重。同时葛洪的这句话是在用自然现象来阐释道理，如果单独看这句话，我们从中还能受到另一种启发，即有深厚的积累，才会有大的成果和收效。这其实依旧是从积累来说的，不过是从好的角度，我们的学业、事业等等都需要从一点一滴做起，才能厚积薄发、有所成就。

由上文分析可以看出，这句话可用在正反两个方面，从不好的角度来看，它可以用在那些谈论知错就改，谈如何对待错误缺点、坏习惯要不得等题目中，作个有力的理论论据，以表明如不及时改正弊端，必然导致恶果。从好的一面来说，它可以用在谈积累、谈根基的作文中，针对学业、事业以表明只有平日打好基础，才会在关键时刻大显身手。

水滴石穿

一日一钱，千日千钱。绳锯木断，水滴石穿。

罗大经《鹤林玉露》

《鹤林玉露》是南宋罗大经创作的一部文言轶事小说集，引文出自其中人物张乖崖的故事。张乖崖在任崇阳县令时，有一个官吏从金库里拿了一枚铜钱。他不徇私情，打了那个官吏一顿棍子。那个官吏认为拿一枚铜钱是小事，不应该受重罚。张乖崖于是提笔写了下面几句判词："一日一钱，千日千钱。绳锯木断，水滴石穿。"字面意思是说，每日拿一钱，千日就是千钱。绳子锯木，日积月累就能锯断，水珠滴石，天长日久也能滴穿。

张乖崖的这两句耳熟能详的名言千百年来以其生动浅显，又耐人寻味的哲理性在民间广为传诵，并分别演化为成语被广泛使用。它说明了凡事都应从小做起，要长期勤奋努力、锲而不舍地追求既定的目标，而不能停滞不前或半途而废，这样才能有所成就。这一至理名言既是对我们中华民族坚忍不拔品格的生动写照，也是对个人持之以恒精神的有力概括。无数炎黄子孙都在实践中牢记它，把它作为立业、求学、处事、修身的座右铭，时刻鼓舞自己。今天，我们的生活发生了日新月异的变化，科学技术飞速发展，"水滴石穿"似乎已同这个时代的精神格格不入，然而，实际上推动这个社会发展前进的无论哪一种知识、技能、成果、学说，都不是一蹴而就形成的，都是点滴积累起来的，因此，这句名言仍不失其现实意义。

在中学作文中，这句名言可以作为中心论点，应用于以下题材的作文中：一是在与求学有关的作文中，用以说明学知识是由少到多的积累过程，只有日积月累，勤奋努力，持之以恒，才会有渊博的知识；也可以说明基础虽差，只要坚持不懈，照样能取得成功。二是在与立业有关的作文中，它可以用来说明要想成就大事业，就应当从平凡、具体的小事做起，这样才能聚少成多。三是也可用以说明防微杜渐的重要性。

养其根而俟其实

> 无望其速成，无诱于势利，养其根而俟其实，加其膏
> 而希其光。

韩愈《答李翊书》

这句话出自韩愈《答李翊书》。句意为：不要希望它速成，不要为权势、名利所诱惑，要像对待果树那样先培养它的根，而后再等待它的果实，要像对待灯烛那样先给它加油，而后再期望它的光亮。

《答李翊书》是韩愈就李翊向其询问写作古文之法而写就的一封回信。文中作者就其写作所得而一一道来，字字精辟，俱言其文学创作所遵循的原则。文中，韩愈提出了著名的"气盛言宜"说，即"气，水也；言，浮物也；水大而物之浮者大小皆浮。气文与言犹是也；气盛，则言之短长与声之高下者皆宜"，揭示出善养浩然之气，才能达到辞事相称。进而指出，要养气立言，首先必须养根俟实；而要达到养根俟实的目的，则必须持之以恒，专心致志。"无望其速成"是指要有毅力；"无诱于势利"是指不为外界权势利禄所侵乱。前者不易做到，后者则更难做到。但是，只要努力坚持，收获丰硕的果实，看到光明的前景，就在不久的将来。

文中"无望其速成，无诱于势利，养其根而俟其实，加其

膏而希其光"是就写作文章而言，若我们广而论之，那么这句话放之四海而皆行。任何一个论题，只要与积累、恒毅有关，如在谈学习、谈事业、谈成功等题目中都可以引用这句话。这句话告诉我们：只有在坚持不懈的努力积累下，方能积土成山，积水成渊。虽然我们没有超人的才智和超人的体魄，但是，只要坚持不懈，总有水滴石穿、厚积薄发的那一天。

立志与继志

学者不患立志之不高，患不足以继之耳。

薛应旗《薛方山纪述》

同学们大多有这样的经历：每个新学期开学之初，大家都为自己定下了新的目标，如学习成绩提高多少，改掉某些坏习惯，做一名文明守纪的好学生，等等。甚至有的同学还制定出了一张严格而详细的计划表，但结果常常是事与愿违，几个星期后发现原来那雄心勃勃的计划早已被抛到了九霄云外，学习成绩还是原地踏步，文明纪律也未见有任何起色。如此一个学期又一个学期，每个学期都在重复着订计划——计划成泡影的老路子。这是为什么呢？其实就是惰性在作怪。相比较而言，那少有的一些能将自己的计划坚持不渝地贯彻到学期结束的同学，便显得令人钦佩。

对于求学的人而言，类似上述的情况很普遍。所以，明代的薛应旗指出：求学之人不怕他立志不高，怕的是立下目标后坚持不下去。其实，学习是一件艰苦的事，需要持之以恒的毅力。定下学习目标很容易，但如果半途而废，或三日打鱼，两日晒网，什么样的学习目标都是一纸空文。每个人都要根据自己的实际情况确定相应的学习目标，而且，还要记住，一旦定下了目标，就不要怕别人笑你立志不高而不断地更改它，只要脚踏实地、持之以恒地去学，一定会有比你的预想还要大的收获。

这句话可用在以学习态度为论题的作文中，对那些好高骛远而又缺乏恒心的人提出忠告。也可以告诫人们立志要持之以恒，立"长志"，而不要凭三分钟热情而"常立志"。我们要抓住其中的"不患""患"做文章，向人们阐述清楚该怎样做，不该怎样做，从而达到劝诫、教导的目的。

知行合一

知之不若行之

不闻不若闻之，闻之不若见之，见之不若知之，知之
不若行之。

《荀子·效儒》

可译为："没有听到不如听到，听到不如见到，见到不如知
道，知道不如身体力行。"

这就是荀子著名的"闻、见、知、行"四个环节的认识
论。显然，荀子最重视"行"，因为"行"即实践是人生的最重
要问题，听了见了又明白其中的道理，不去实践，那只是夸夸
其谈的空想家，弄不好一事无成，辜负了人生。荀子重视
"行"这一认识论的最高境界，正体现了儒家重视社会人生的精
神原则。这可以说是荀子这句话的第一层意思。

第二层意思则是荀子告诉人们，学习虽有不同境界，最高
境界是"行"，但又须以"闻""见""知"为基础，层层递进，
由知到行。否则，不知而行，怎么去"行"，那不成了没头苍蝇
乱撞了吗?

由此可见，知和行是一对矛盾，而且这一对矛盾很难处理
得好。比如，先知呢还是先行呢? 知重要还是行重要呢? 如果
说先知才能行，那么没有行怎么可能知呢? 谁都知道行重要，
但是不知又如何去行呢? 我国古代的"知行说"很有名，学者

们也大多同意"知行统一"，但是只是在理论上统一了，拿到实际中去又不能自圆其说。这个问题看来还是在马克思创立实践学说之后才较完善地解决了的。马克思的辩证唯物主义认为，人们在生存的实践中遇到困难、问题，于是在思想上和理论上弄个明白，这才有了"知"，但这一认识是否正确，又须拿到"行"中即实践中去检验，又获得新的认识，再去实践中检验，如此实践——认识——实践，以至于无穷，可见知和行只能在不断的认识和实践的过程中才能统一。拿去实践这一环节，争论知行孰先孰后，就好像争论先有蛋还是先有鸡一样，没有意义，也不会有结论。

千丈长堤，以蝼蚁之穴溃

千丈长堤，以蝼蚁之穴溃；百尺之室，以突隙之烟焚。

《韩非子·喻老》

这是韩非子在论证《老子》中的"天下难事，必作于易；天下大事，必作于细"这个道理时所打的比方。其意为"千丈长的河堤，可能会因为蝼蛄、蚂蚁一类的小虫钻洞而崩溃；百丈高的房屋，可能会因为烟囱缝隙里冒出的一点儿烟火而烧光"。提醒人们一定要防微杜渐，不能忽视任何小的弊端、隐患，否则会导致灭顶之灾。在这句话中，韩非子用了两个带有夸张性质的比喻来说明道理，给人们留下了深刻的印象，从而达到警示人的效果。

韩非子的这句话非常合乎辩证法，看到了事物是在不断发展变化的。任何小的事物，只要条件许可都会不断发展壮大，弊端、灾祸和缺点、毛病也是如此。许多大的问题都是从不起眼的小问题发展起来的，人的不少坏习惯也是日积月累形成的。应该说，韩非子的这句话对于我们做人做事都很有教育意义，很多人日常生活中不在意小毛病，对于像丢三落四、磨蹭拖沓等习惯不放在心上，不但自己如此，在教育孩子时也是如此，殊不知这些小毛病极可能在一些重要时刻使他们吃大亏。这句话因为它深刻的教育意义，其中的前半句后来成为成语"千里之堤，溃于蚁穴"得到广泛应用，来比喻忽视小的漏洞，可以造成大祸。

如果在写作文时，我们遇到了谈论防微杜渐这一类的题目，这句话是其中有力的论据。在论及小心谨慎的话题时，它也可以引出来，以表明小心谨慎的必要性。在说到如何对待不良习惯的问题时，它可以用来强调坏习惯一经发现就要及时改正，不能认为不伤大雅而加以纵容。

临渊羡鱼，不如退而结网

临渊美鱼，不如退而结网。

刘安《淮南子·说林训》

这句话意为"只在深水岸边羡慕鱼，不如回家织网捕鱼"。《淮南子》一书是刘安调动手中的财力物力，组织很多人写成的，是一部融合了儒、法等各家思想的道家著作，涵盖了广阔的内容，有许多颇富哲理的话。这句话就是其中之一，它告诫人们，徒劳无益的空想再美好，也不如切切实实地去做点儿事情。在句中作者用了一个颇富情节性的比喻来说明道理，我们看到深水中的大鱼，只在岸边想捉到它该如何如何好是没有用的，还不如暂时离开，回家去织网，然后再用网来捕鱼。

《淮南子》中的这句话是对空想者的很好告诫。一味地只是计划、打算，却从不付诸行动，这是许多人常犯的毛病，这与羡鱼者也没什么大区别。而那些天天不肯下功夫，却总盼着取得好成绩的人，就是更地道的羡鱼者了。这句话给我们的第一个启发是，做任何事都要有实干精神，再好的想法不付诸行动都毫无意义。它给我们的第二个启发就是，对于想要达到的有一定难度的目标，我们只有千方百计地去创造条件，去努力才能实现它。千百年来，这句话因其形象而富有教育意义，而一直流传在人们的生活中，今天我们依旧能深受启发。

我们在谈论想与做的话题中，可以用这句话来做中心论点。在批评空谈、空想，倡导务实精神、脚踏实地做法的文章中，能用它来作理论论据。在谈论如何才能成功的话题时，可以用它表明，在挑战与机遇面前，只有通过切实的努力，积极地创造条件，才有可能成功。

桃李不言，下自成蹊

桃李不言，下自成蹊。

司马迁《史记·李将军列传》

在最后的"赞"中，司马迁引用了这句当时已流传很广的谚语，盛赞李广将军的高尚品质。其意为"桃树、李树虽不会说话，它们的下面却自然而然地踩出一条小路来"。桃李因为花果美好，自然吸引人们前来，就在树下踩出了路，这是日常习见的情况。这里就用以比喻，如果人的品质高尚，即便从不宣扬，也能得到世人的尊重与敬仰。这句话以富有生活气息的譬喻，阐释了深刻的人生哲理，非常值得人们仔细品味。司马迁在李将军传记的最后用它，非常合适。此前传记中已介绍了他的诸多品质，如英勇善战、身先士卒、体恤士兵、与部下同甘共苦等等，提到了他其貌不扬、木讷寡言，也交代了他自刎之后，天下百姓为他痛哭流泪的感人场景。这句话形象而高度概括地为李广的人品作了总结。

这句谚语及李广将军的经历都表明，在言与行两者之间，实际行动要远远重于空口所言。许多事情如果你做到了，即便是默默耕耘，也一定会得到人们的肯定。在道德品质上也是如此，高风亮节是不需宣扬就能赢得众人仰慕的。这句话所阐释的实至名归的道理在任何时代都是行得通的，它启发我们脚踏实地地做人做事，而不能急功近利，否则终将事与愿违。

从上文的分析中可以看出，这句话可以像《史记》中那样用来赞美一个始终保持美好品格、默默奉献的人，如我的老师、我最尊敬的一个人，等等，赞美各行业先进人物默默奉献的行为。在论说性文章中，当谈论奉献精神时，它可以作为论据出现，以表明世人对此种精神的称赏。在谈到诸如言与行、名与实这一类问题时，它可以引出文章的论点，也可作为论据，强调实际行动的重要。在赞扬实干精神的文章中，它也是很好的论据。

耳闻不如目见

耳闻不如目见，目见不如足践。

刘向《说苑·政理》

刘向是汉太祖高皇帝刘邦的异母弟弟，在他所编的《说苑》之中，分类编撰了先秦至汉代的史事，并夹杂了自己的议论，借以阐明儒家的政治思想和伦理观念。这句话就出自《说苑·政理》，那一段记载的是战国初期魏文侯派西门豹去治邺，临行前嘱咐西门豹的话中有这么两句，意为"耳朵听到的，不如亲眼看见的；亲眼看见的，不如亲身去做一做体验到的"。目的在于提醒西门豹，要注意调查了解情况，不要轻信传闻。

对于这样一种为官者的工作方式，刘向是深表赞同的。其实，这位两千年前的王侯的话，对于今天的我们依旧能有所启发，日常生活中经常会有道听途说、以讹传讹的事情发生，就是因为缺乏这样一种谨慎的态度，所以我们对于那些不了解、不清楚的事情，应该有一种小心谨慎的态度。而领导干部尤其应从这句话中受到教育，它所强调的深入了解情况、亲历亲行的工作作风，也是我党一贯坚持的作风。

这样一句强调调查研究的话，当然可以出现在批评轻信盲从的文章之中，用以引出正确的做法，即要多做调查，再下结论。在谈及领导干部的工作作风的文章中，它可以引出以表明深入调查研究的必要性，也可以用来批判那种脱离实际、道听途说的工作作风。如："耳闻不如目见，目见不如足践"这句古训，对于今天的领导干部同样很有意义。只有深入实际，进行充分的调查研究，才能把工作做好。而只知道听报告，看材料，很难不出错误。

身体力行

读书不能身体力行，便是不曾读书。

陈确《书示两儿》

这是明清之际思想家陈确写给儿子信中的话，意在教导儿子读书要和实践相结合。

在很多人眼里，读书只是升学、升官的工具。一旦实践活动稍微妨碍了他们这一目的，他们便会毫不犹豫地牺牲掉实践；也有很多人热衷于读书，却信奉"两耳不闻窗外事，一心只读圣贤书"的古训，整日将自己埋头于书堆之中。这样，前一种人在古代就是信奉"书中自有黄金屋"的书呆子，在今天就是"高分低能"的典型；后一种人在古代就是盲目照搬书本的愚人，在今天就只能算一个装潢精美的书橱了。这样的读书不能算是真正的"读"，只能说是将书中的内容复制到了头脑中。因为它没有实现书的真正价值——指导实践，改造世界。

古人有"读万卷书，行万里路"的观念。古代的学生在积累了一定的书本知识后，要有时间长短不等的一段"游历"过程，目的在于走遍各地，接触社会，将书本知识融入社会实践中，让其真正发挥作用。时至今日，社会发展一日千里，信息瞬息万变，如果还满足于将大量的书本知识储存到头脑中便完事大吉，那么我们只能遗憾地说，这个人是一个没读过书的"图书管理员"，一个"头脑发达"而"四肢简单"的特殊文盲。

这句话可作为理论论据，用来阐明读书和实践的关系，强调实践的重要性，给一些脱离实践而死读书、读死书的例子来增强说服力。

知人者智

知人者智，自知者明；胜人者有力，自胜者强。

《老子》第三十三章

　　《老子》第三十三章提出了人要善于提高自我修养、丰富自我精神生活的一系列观点。"知人者智，自知者明；胜人者有力，自胜者强"说的是，能认识别人叫聪颖，能认识自己才是明智；能战胜别人叫有力量，能战胜自己的才是强大。在老子看来，"知人""胜人"固然重要，但相比之下，"自知""自胜"尤为难能可贵。一个人若能克制自己而摒弃痴心妄想，坚定自己而矢志不渝，把握自己而不迷失本性，他的精神就能永垂不朽。

　　西方著名哲人苏格拉底曾写下过这样一个句子"认识你自己"。这样简单的一句话曾让无数拜祭者冥思良久。传诸开来，也曾让无数人思绪万千，感喟不已。

　　有知人之明，需要丰富的阅世经验和细致敏锐的洞察力，能达到这种程度对于一个人来说绝非易事。至于能真正地认清自己就更难上加难了，这包括晓得自己的缺点、弱点，也包括了解自己的优点。造成不能正视自己的情况有内在心理作祟的原因，也有外在环境影响的原因。不能正视自己的短处，就不能有意识地加以弥补，容易养成或文过饰非或妄自尊大的品性；不能看到自己的长处，就难以做到自立、自强、自尊、自信，容易形成不悦纳自己、妄自菲薄的心理。

　　能战胜别人以立于不败之地谈何容易？需要自己具备各种各样的条件，有时也要有机遇垂青。而想战胜自己则更难，首先要善于省视剖析自己，充分认识自己的所长所短，然后对于所短还要设法克服、弥补，对于所长要保持长久或更上一层楼。在这个过程中，人要认识自己，还要改变顽固的习惯性心理和行为，可正像有人所说"习惯是很难打破的"。

可在讨论培养成熟、完善人格修养的作文中，用这几句话倡议人们在社会生活、工作学习中对他人与自己要有较强的认知能力，像孔子所说"见贤思齐，见不贤而内自省（看到贤能的人就希望和他一样，看到不贤的人就反思自己是否有同样毛病）"，要有自我解剖能力，尤其要有较强的自我调控能力。

可以用这几句话来评价具有"知人""胜人"之能，又有"自知""自胜"之能的有识之士。

可以在谈成功、胜利、荣誉的作文中，联系成功之士的事迹引用这几句话说明"知己知彼，百战不殆（殆，危险）"的道理，强调以人之长补己之短或知人善任的重要，避免或调整自恋、自私、自闭、自卑、自大等等畸形心理。

物有甘苦，尝之者识

> 物有甘苦，尝之者识；道有夷险，履之者知。
>
> 刘基《拟连珠》

东西有甜的，有苦的，尝过的人才知道；道路有平坦的，也有险恶的，走过的人才知道。刘基在这里又发挥了他善于说理而又深入浅出的长处，将实践的重要性阐述得形象生动。

我们是在不断地探索和实践之后才认识这个世界的。这需要胆量，需要勇气。有的人害怕遇到失败，便事事旁观。只在别人实践之后听听人家的体会，咀嚼人家的得失、苦乐，这样的人只能作为生活的旁观者，永远不能体味到生活的真谛和世界的奇妙。其实，生活本来就是苦乐参半的，世界本来就是美丑皆备的，勇敢的人投身于实践当中，大胆尝试，在受过苦难挫折后更领略到了大千世界的美好和神奇；懦弱的人固然可以免受诸多磨难，却也失去了探索的乐趣，即便能对生活、对世界高谈阔论那也只是拾人牙慧，毫无意义。毛泽东曾说过："没有调查就没有发言权。"我们也常说："实践出真知。"可见，只有实践才是我们认识世界、参与生活的最积极、最有效的方式。

刘基的这段话以比喻说理，比较适合作为论据，可用来论证实践是检验真理的唯一标准，也可以论证只有勇于探索，才能认识世界。总之，这段话强调的是实践，我们可以通过对比来突出实践的重要性。

不能者止

> 陈力就列，不能者止。
>
> 《论语·季氏》

陈：陈列，施展。力：才能。就：担任。列：职位。全句的意思是："如果能施展自己的才力，就接受职位；如果不能，就该辞职。"

这句话本来是古代一位名叫周任的史官说的，一经孔子引用，就成为千古名言。至于孔子为什么引用这句话来说理，其中还有一段历史故事。

春秋末期，诸侯兼并，当时把持鲁国朝政的季康子，横征暴敛，富比公室，但他仍想借维护鲁国利益之名，吞并鲁国的一个小附属国颛臾，以扩大自己的势力范围，于是酝酿了季氏将伐颛臾的事件。当时孔子的两个学生冉有、季路给季康子当家臣，知道并参与了季康子的阴谋。孔子了解到这一情况，非常生气，找来冉有、季路，批评季康子的兼并行为，坚决反对攻打颛臾。冉有、季路见势不妙，就推脱责任，说："是季康子想攻打颛臾，我们两个当家臣的，都不想这样做。"于是孔子就引用周任的话批评二人："陈力就列，不能者止。"

我们也应该学习孔子在辩驳中引用名言来说理的技巧，作文、说话就往往能起到说理有力并且意味深长的效果。

比如，某人在其位不谋其政，无所事事甚至出了事故却找出种种理由为自己推卸责任的时候，我们就可以用这句话批评他："陈力就列，不能者止。"甚至还可以接上一句："当官不为民做主，不如回家卖红薯！"

而且，在这样一种情况下使用这句名言更为恰当：当某人担当了某一职位，却因不能施展自己的才华而气恼和拿不定主意的时候，我们就可以用这句话规劝他干脆辞职、摆脱，另谋用武之地。

同样，这句话也可以用于自身。当我们对某一工作单位和职务不满意，决心退出的时候，就可以说："陈力就列，不能者止。"这样，既表达了自己的明智，又不乏自解自嘲的幽默。

大巧在所不为

大巧在所不为，大智在所不虑。

《荀子·天论》

此标题可译为："大巧之人不去做那种不能做的事情，大智之人不去考虑那种不能考虑的问题。"

先秦时代，仁和智两个概念是诸子百家讨论的热门话题。何谓仁，何谓智？孔子说"仁者爱人"，强调人与人之间的关系和谐，目的在社会安定祥和；庄子说智者"虚静"，不关心世道清浊、外物的差别，这样就会内心阔大，与自然合一，强调的是个人的自由。荀子是儒家思想家，说到仁，和孔子一脉相通；说到智，也和庄子大相径庭。他认为所谓智者，是实事求是之人，知道自己的所长，也知道自己的所短，知道自己的所需，也知道自己的所弃。简言之，做自己应该做并且能够做的人就是智者。乍一听，荀子似乎把智者的智慧说得太低了；细一想，你就不得不承认荀子这是把道理讲得透彻，把复杂说得简洁。的确，生活中的智者，很少是预知过去未来的先知，不过就是有自知之明的人罢了。而正是这样简单的道理，很多人心知肚明却在实际中犯糊涂，表现在不自知，不知人，做不能做之事，自寻苦恼，甚至为此付出人生的代价。大的问题且不说，现在许多为人父母者，望子成龙心切，有了孩子，都希望他或她成为音乐家、舞蹈家、歌唱家……于是斥巨资，让孩子从懂事起即从事各种繁重的训练，这才是不知道该做什么能做什么，结果剥夺了孩子本该欢乐的童年，扭曲了孩子自由发展的天性。这是聪明吗？实在是愚蠢！

因此，凡是有此自知之明的智者，我们即可以用荀子这句名言赞赏之；反之，则以这句名言规劝之，批评之，这也是一种智慧。同时，它还可以出现在谈论量力而行，批评不切实际的空想、幻想的文章中。

自知者不怨人

自知者不怨人，知命者不怨天；怨人者穷，怨天者无志。

《荀子·荣辱》

荀子的学说兼容儒、法两家特色，他的见解别树一帜，很有见地。引文就是他的一句名言，其含义为：有自知之明的人不怪怨别人，明白人偶然会碰到不幸的事，也不怪怨天。喜欢怪怨别人的人总是困穷而缺少办法；喜欢责怪天的人是没有志气的人。

成语"怨天尤人"说的即是此意。人是万物之灵长，何以立于天地之间而创造了伟大的文明，就是在于人类的优秀分子能决然地面对一切困难，而不怨天尤人。在人类发展的漫漫长途中，有多少困难艰辛，如果每个人都抱怨外界事物的不称心而不去努力改造现状，我们何以见到今日之灿烂文明？

即使是平常人，我们对待困难，也要保持一种平常的进取的心态。只要自己努力付出过争取过，即使结果依然不尽如人意，我们也不应该为此耿耿于怀，抱怨他人。困难和失败都有它存在的必然性，任何结局的出现也自有其原因，我们只是平凡的人，不可能事事尽有把握。俗语云：谋事在人，成事在天，这里的"天"就是我们仍然无法把握的客观世界。我们需要的是一种积极的态度，尽人事则无所抱憾，问心无愧；否则，过分伤悲也是无用，如果强词夺理为自己的无知辩护，抱怨他人，就更加暴露了自己的虚伪和无能。

围绕这句话，我们可用在作文中说明以下三个方面的内容：

一、我们进行国家建设不能怨天尤人，客观条件摆在我们面前，我们不能痴妄改变历史，也不能相互推诿责任，只有共同努力，才能使国家强盛。

二、一个集体虽然内部关系复杂，但如果每个成员都能从别人的角度出发，正视现实，相互支持而不是相互指责，集体才能进步。

三、每个人面对困境，都需要理智地分析原因，抱怨只是徒劳无益的行为，只有克服自身的弱点创造奇迹，方能成为强者。

以上文字就是这句箴言所表现的现实意义。如果我们立论正确，表述流畅，就一定可以利用它写出好文章。

河海不择细流

> 泰山不让土壤，故能成其大；河海不择细流，故能就其深。

李斯《谏逐客书》

这是秦李斯《谏逐客书》中的一句话，意为："泰山不拒绝接受微小的泥土，所以能成就它的雄伟壮观；黄河大海不舍弃细小的水流，所以能成就它的浩渺无限。"李斯写这句话时，有它特定的背景，战国末年，韩国派水工郑国去秦，说服秦王修郑国渠，想借此阻碍秦国进军韩国。事情泄露后，秦宗室大臣提出驱逐非秦人的主张，其中李斯也在被逐之列，于是他写了《谏逐客书》。文中这句话是在用自然界的现象来规劝秦王要有开放的头脑、博大的胸怀，应广泛接受并充分利用外来的有利事物，才能成就帝王的功业。跟在其后的一句话是"王者不却众庶，故能明其德"，进一步明确点出前文要表达的意思。

李斯以泰山、黄河喻秦王，在规劝中含赞美之意，而且所言道理精辟动人，秦王自然高高兴兴地接受了他的建议，撤销了逐客的命令。李斯的这句话也因其精警动人而成为传诵千古的名言。现在，它不再限于其最初的意思，而是从所描述的现象中，我们可以看到对虚心精神、对博大胸怀的赞美，看到了任何个人的成功都是要从一点一滴做起的道理。古今成就大事业的人都明白这样一个道理，故而在他们的身上，我们会更多地看到这样一种海纳百川、虚怀若谷的精神。

这句话可以出现在谈论谦虚这一主题的文章之中，作为理论论据以证明：只有不断地虚心学习，才能成就大的业绩。在谈积累的话题中，这句话也可以被引用，以说明正是一点一滴的积累才有了海的博大、山的高峻，我们的学业、事业也是如此。

智者千虑

智者千虑，终有一失；愚者千虑，必有一得。

司马迁《史记·淮阴侯列传》

这句话是西汉时的成语，为赵广武君李左军自谦之词。韩信在与赵作战时背水一战，俘获了广武君。得知如果武安君陈余听从广武君的计谋，出奇兵劫自己的粮草，那么被俘的很可能是自己，于是对广武君恭敬有加，并恳切询问伐燕攻齐的可行性。广武君说了这句话，谦虚地表示自己愿意献出想法。它的意思为"聪明的人思考问题多了，一定会有一次两次失误的时候；愚蠢的人思考问题多了，也一定会有一次两次正确的时候"。

这句话揭示的是一种客观的道理。这世界上再聪明能干的人，也无法做到考虑问题永远不会失误。相应的再愚蠢糊涂的人，他的见解也有合理的时候。所以会如此，是因为宇宙的广阔，事物的纷繁，境况的变化，个人才能的有限。它反映了一种确确实实存在的现象，使我们得到一些启发。前半句是说智者的，从中我们不难得出为人要谦虚谨慎，永不自满的启迪。后半句是说愚者的，原为广武君自谦之词，我们既可以此言自谦，也可以此言自我鼓励，因为每个人都可能得出正确的认识。合起来看这句话，我们就会想到，在处理问题时，应该广泛地听取各方面的建议，而不是对那些才能不及自己的人的话毫不理睬，然后依据具体情况，自己的分析，找到合理的方案。

通过上文的分析，不难看出它适用的范围。首先在谈谦虚的作文中，我们可以用它的前半句，强调谦虚的必要性。其次，在涉及听取意见、广开言路的话题时，我们可以用它表明广泛全面听取意见的合理性。此外在评价别人和自己时，我们也可以谦虚地引出这句话，就像《史记》中那样用。

满而不损则溢

满而不损则溢，盈而不持则倾。

司马迁《史记·礼书》

这句话向我们描述了一个常见的自然现象。"水满了若是不减少一些，它就会漫溢出来；器皿满了，若是不加以扶持就会倾倒"。在这样的现象中包含了一个普遍的道理，即做任何事情都要有度。如果毫无节制，超过了应有的限度，必然会招致不好的结果。司马迁在这里是通过客观的描述，用比喻的手法来让读者自己体会其中所蕴含的道理，从而给人留下更为深刻的印象。

司马迁所强调的做任何事情要有度，其实是我们这个民族一直以来非常重视的一个行为规范，在先秦儒家代表人物孔子、荀子的口中都曾说过"过犹不及"这样的话，认为为人处世应把握在适当的尺度之内，做过了和做得不够一样都是不好的，这样一种观念影响很深，中国人做事历来讲究恰到好处。当然司马迁的这句话重在强调做人、做事不能太过，把握好度，没提及"不及"的情况，不过总体上来看，所强调的与孔子、荀子是一样的。细想之下，许多人生态度原本是好的，如自信，可一旦过度就会成为缺点，许多事情原本无可厚非，诸如消遣、娱乐、休息等等，只是如果过多去做，就会成为该被批评的事，所以古人反复讲的"有度"是颇有道理的。同时在司马迁的话中我们还能体会另一种道理，即在成功面前我们应保持虚心冷静的态度，把持自己，否则就会很容易因自满和没有把持而失败。

如上所述，司马迁的这句话，首先可以出现在强调分寸、尺度的文章之中，当然可以涉及许多题目，如探索"减负"问题、谈论业余"特长"的培养等等问题时，都可以用这句话表明一件好的事情在做得过度之时，就会带来不利的影响；其次，这句话还可以用在谈论如何面对成功这类题目中，强调在成功面前应保持虚心冷静的态度；当然这句话也可以出现在谈谦虚的题目中，以表明在志得意满之时，谦虚的精神是不能缺少的，否则就很容易走下坡路。

竹萌能破坚土

竹萌能破坚土，不旬日而等身；荷藕生于水中，一昼夜乃长数寸，皆以中虚也。

魏源《默觚·学篇》

谦虚历来是中华民族所提倡的美德，也是我们写作文常常涉及的话题，那句"谦虚使人进步，骄傲使人落后"几乎人人会说，关于谦虚的例子大概每个人都能随口举出几个，那么，且看清末的魏源是怎样独辟蹊径，论证虚心的益处的。

魏源在《默觚·学篇》中提出："竹萌能破坚土，不旬日而等身；荷藕生于水中，一昼夜乃长数寸，皆以中虚也。"意思是说：竹子在萌芽之际能冲破坚硬的泥土，不到十天就长出一人高了；荷花生长在水中，一天一夜就能长出几寸长来，这都是因为它们中间是空的。这句话的字面意思很简单，却告诉了我们一个深刻的道理：虚心使人进步。在无数人反复从理论上论证这一主题时，魏源却以敏锐的眼光，抓住大自然中再平常不过的两种植物大做文章，把它们快速的生长归因于其茎秆的中空，从而含蓄地表述"虚心使人进步"的道理。竹子和荷花在人们心目中是君子的象征，是高尚的化身，从这两样事物入手，让人在赞叹作者独到的技巧的同时又十分信服。

魏源是清末进步的思想家和史学家，他的许多主张对后来的资产阶级改良主义有一定的影响。这样一位成就颇高的学者还在不断强调为人要谦虚，我们这些普通人就更应如此了。

由于这句话用自然现象的描述来表明道理，所以只适合作为一般的理论论据，而不适合作为论点来使用；在用作论据时，也应在引用之后，再稍加解释，并点出其中的道理，以使其显得更加浅显易懂；而提出这句话的魏源实际上也是在总结自己的成功经验，那么，魏源和他的这番话我们也不妨拿来用作自己作文中论证观点的强有力的事实论据；此外，如果命题都给出这样一句话作为材料，你也应能准确地提炼出其中的道理作为文章的中心论点。

与人交往

君子之交淡若水

君子之交淡若水，小人之交甘若醴；君子淡以亲，小人甘以绝。

《庄子·山木》

《庄子·山木》有这样一则寓言：孔子在遭遇了许多挫折后，亲朋疏远，弟子离散，于是问子桑雽是什么原因。子桑雽给他讲了假国人林回逃跑的故事：林回逃跑时舍弃了价值千金的玉璧而抱走了婴儿，有人认为林回不知轻重，理由是婴儿不但不值钱，而且是个累赘；舍弃价值千金的玉璧而抱着婴儿逃难，这是为什么呢？林回回答说，和玉璧是利的结合，和婴儿是天性的关系。讲完这个故事，子桑雽解释说，以利结合的，受到窘迫祸患的时候，就互相遗弃了；因天性相关的，遇着窘迫祸患的时候，就互相依赖。接着，他总结道："君子之交淡若水，小人之交甘若醴；君子淡以亲，小人甘以绝。"意思说：君子之交淡如水，小人之交甜如蜜；君子淡薄却亲切，小人甜蜜却易于断绝。所以，凡是没有缘故结合的，也就没有缘故而分离了。

在这个故事中，借子桑雽之口，辨析了利益与天性的区别，自然与矫情的差异，倡导的是道家因顺自然、任性率真的观念；落实到人际关系交往方面，即有君子之交与小人之交，君子之交顺乎自然，唯求本真，看似淡薄，却由于出自至诚至真之性而让人感觉亲切；小人之交多矫饰，故作如胶似漆，呵护备至状，可多是由利欲所驱，一旦遭遇危险，便会恩断义绝。

"君子之交淡若水，小人之交甘若醴；君子淡以亲，小人甘以绝"这段话，道出了交友的常见情形。虽嫌绝对，但至少在一部分人身上得到了验证，对今天人们的交友也颇有启发。

在谈交友的作文中，引用它作论点，然后进行说明。首先是交怎样的朋友，交至诚无伪、自然亲切的君子，莫交甜言蜜语、唯利是图的小人。其次是怎样交朋友，根据这段话提供的经验，一要有识别真知与假知之别的能力，莫为假象、花言巧语、小恩小惠等迷惑；二是自己要顺乎自然，精诚待人，莫刻意而为，莫汲汲于利。

益者三友

> 益者三友，损者三友。友直，友谅，友多闻，益矣。友便辟，友善柔，友便佞，损矣。

《论语·季氏》

便辟，又做"便嬖"，原指君王左右的宠信小臣，这里是只遵从于权势而不直率之意。善柔，善于取悦他人而不真诚之意。便佞，习于俗见而没有真知灼见之意。

这句话可解释为："有益的朋友有三种，有害的朋友也有三种。朋友直言坦率，宽容真诚，见多识广，这三种是有益的朋友。朋友只会遵从于权势而不坦率直言，善于取悦他人而无宽容真诚，习于俗见而无真知灼见，这三种是有害的朋友。"

显然，这句名言说的是交友之道。人在一生中，上至君王将相，下至百姓黎民，谁都免不了寻找友谊交朋友，因为友情是对生命的呵护，人生的需求。可是交什么样的朋友，却是个人生重要问题。这不仅包括"近朱者赤，近墨者黑"的道理，而且包含"性相近，习相远"的人之本性。人的本性如何，就去寻找相类的朋友；好的朋友给你好的影响，坏的朋友给你坏的影响，而且这种影响又是不知不觉的，对你潜移默化。如此，好的友情够你受用终生，坏的友情让你吃尽苦果。孔夫子在两千多年前就把朋友分为"益""损"两类，又细分为不同的六种，这是一种人生智慧，也是一种人生警戒。

这里，困难的不是我们在道理上和道德上区分朋友的"损""益"，而是我们在生活中如何做到交益友远离损友。在谈交友之道的作文中，可以引用这几句话表明要树立正确的交友观，理性、明智地分辨好坏朋友，不以自己喜欢与否为标准，而以孔子的交友之道为标准，那么将受益匪浅甚至获益终身。

里仁为美

里仁为美。择不处仁，焉得知？

《论语·里仁》

这是孔子谈论"什么是美"的一段很有名的话。子曰："里仁为美。择不处仁，焉得知？"里：邻里。仁：人与人之间关系的和谐。这句话可解释为："邻里之间有仁厚之俗为美。不选择这样的地方居住，怎能算得上明智呢？"

孔子认为邻里关系和谐，有仁厚之俗为美，这样的说法和很多美学家的说法都不一样。这是因为，儒家重人事，有强烈的入世精神。所谓人事，即人与人之间的关系，孔子认为，人与人之间的关系和谐，社会就会安定，否则就会混乱。家庭是社会的细胞，家庭与家庭结成邻里，扩大为社会。因此欲求社会和谐，先求家庭邻里的和谐，家庭和谐是美，邻里和谐也是美。

我们不能不承认孔子说得对，和谐的邻里关系对我们的人生来说是不可缺少的。当你遇到困难的时候，除了亲人的帮助，还有邻里的帮助；当你有了值得高兴的事的时候，分享的除了亲人，还有邻里。即便平居无事，好的邻里也是你生活中不可缺少的内容。隔墙一声问候，格外亲切；彼此之间串门，免除多少孤单。更重要的是，好的邻里之间培养着真善美的品格，为我们带来了许多温暖与愉悦，不过当今大城市中，家家铁门深锁，户户铁网拦隔，电视之声相闻，老死不相往来。我们有邻居而不相识，相识而不相亲，我们是城市中的独行者、独居者。失去邻里相亲的我们感到孤独，没有"里仁为美"的我们常常厌烦。

因此，当我们说出孔子这一句名言的时候，经常表达对逝去的岁月的一种怀念，或对城市现实生存状况的一种感叹，或对美好的淳朴的民风的一种向往。

君子周而不比

> 君子周而不比，小人比而不周。
>
> 《论语·为政》

　　周、比都是与人亲近之意，但用在君子和小人身上则有不同意味："周"可译为"呵护"，"比"可译为"勾结"。因此孔子这句话可理解为："君子之间相互呵护而不勾结，小人之间相互勾结而不呵护。"

　　为什么这样呢？因为君子的合群团结，是志同道合的结果；既然出于公心道义，必然"嘤其鸣矣，求其友声"，彼此相互关爱、呵护，这叫作君子之党，"周而不比"。例如中国共产党人在其创业之初，或抛弃金钱富贵，或离开温暖家庭，为了中国劳苦大众脱离苦海，宁愿冒杀身之祸。志同道合，出以公心，使他们精诚团结，百折不挠，终于从小到大，由弱变强，打造出一个新中国。这可算"君子周而不比"的最好例证。

　　小人正与此相反。他们也是合群的，但却谈不上志同道合，只是气味相投罢了。合群不是出于公心，完全是出于私利，以利相合，就不能团结，只能算勾结。为了得到利益，小人勾结起来，利益得不到，就会纷纷如鸟兽散；利益得到了，又会因利相争，反目为仇，最后也如鸟兽散。因此小人无党无朋，只会因利而勾结罢了。

孔子这句名言，其实与一句民间谚语意义相通，这就是我们耳熟能详的"物以类聚，人以群分"。

不知其子视其友

不知其子视其友，不知其君视其左右。

《荀子·性恶》

可译为："不了解他的儿子，看看他儿子结交的朋友就可以了；不了解他的君主，看看君主身边的辅佐之臣就可以了。"

这句话显示了荀子的识人之明，阅世之深。俗话说："物以类聚，人以群分"；又说："近朱者赤，近墨者黑"，说的也是这个道理。同时，这句话还表现着东方古国的智慧：你不了解想要了解的对象吗？那么就通过围绕着这一对象的关系认识这一对象吧！

秦始皇是中国历史上第一个皇帝。这位始皇帝的武功且不去说，单看围绕在他身边的一班文臣武将就可以了解他的胸襟气度乃至人格作风了。武有白起，杀妻代将，围赵一仗，全歼赵国主力，活埋二十万赵卒；文有李斯，身为客卿，效忠秦国，帮助秦始皇制定郡县制，统一汉文字，统一度量衡。同样是这位李斯，才高八斗又嫉贤妒能，而且下手无情，冤杀同窗才子韩非。由此推断秦皇，既雄才大略又是一位焚书坑儒的暴君，大概差不多，因"视其左右"如白起、李斯辈，即是才能超世而德行可疑之人。

平头百姓也可以用这种方法判断他的忠奸、贤愚和善恶。正派的人"嘤其鸣矣，求其友声"，他所结交的大多是正派之人；邪狭之辈胸无正气，以类相合，必然有一班同样是品行不端的人如蝇逐臭，所谓臭味相投。

明白这个道理，我们一要警惕，勿与不同类的人交结，以防坏了自己的品行；二要平心静气，看邪狭之辈呼朋引类，见怪不怪，走自己的路，这也算一种人生智慧吧。

非我而当者，吾师也

非我而当者，吾师也；是我而当者，吾友也；谄谀我者，吾贼也。

《荀子·修身》

非：否定，批评。是：肯定，推崇。当：恰当。贼：害。此句可译为："那些批评我而批评得恰当的人，是我的老师；那些肯定我而肯定得恰当的人，是我的朋友；阿谀奉承我的人，却是我的敌人。"

"非我而当者"为什么可以成为我的老师呢？因为我有缺点，往往自己看不出，别人看出来并且很恰当地指出，这就比我高明，足以当我的老师了。"是我而当者"，为什么可以引为朋友呢？因为朋友的要义在同气相求，同声相应，所谓志同道合，能肯定我的优点的人不是朋友是什么？"谄谀我者"，为什么是我的敌人？因为无论我对还是错，若有人只是一味地吹捧拉扯，这就是在欺骗我，让我自以为是飘飘然，或者以是为非一路错下去，到头来吃亏上当乃至害人害己，因此这"谄谀我者"实在是我的最危险的敌人。

爱人者人亦从而爱之

> 爱人者人亦从而爱之，利人者人亦从而利之，恶人者人亦从而恶之，害人者人亦从而害之。

《墨子·兼爱》

它告诉我们："爱护他人的人，他人也会跟着爱护他；为别人谋福利的人，别人也会为他谋福利；厌恶他人的人，别人也会跟着厌恶他；损害别人利益的人，别人也会跟着损害他的利益。"这句话体现了墨家一直在宣扬的"兼爱"思想，强调了人们应该学会付出，在付出之后自然会有回报，而不能一味地只考虑索取。这句话也为我们揭示了人际关系的相互性，指出了你对别人的态度决定了别人对你的态度，宣扬了一种爱人、助人的思想。

大千世界，芸芸众生，墨子的这句话点出了人与人之间关系的相互性，倡导一份真诚、友爱与热情，批评了一种敌视、冷漠与自私。岁月匆匆而过，两三千年之后的我们，在读到这句话时，竟然发现，这样一种人际关系的法则，并没有因为时光的流逝而发生任何的变化。思想家的目光本来就是可以洞察世事、透视未来的，所以我们仍会从墨子的话中领悟到一种为人处世应有的态度。对他人多一份爱心，多一份真诚，你就会给这个世界增添一份温暖，为自己将来储备一份外界的帮助力量。

这句话着重谈论的是人与人之间的相互关系，所以在涉及谈论人际关系的话题时，它很适用。如我们遇到论真诚、论互助之类的题目时，它可以用作文中的论据。同时，这句话也强调了付出的意义，所以当我们遇到谈论付出与索取、论奉献一类的题目时，它也可以引入文中。

水至清则无鱼

水至清则无鱼，人至察则无徒。

东方朔《答客难》

这句话的意思是说，如果水太清，鱼就不会在里面生活；如果人太苛刻、精明，就不会有朋友。全句为："水至清则无鱼，人至察则无徒。冕而前旒，所以蔽明；黈（tǒu）纩充耳，所以塞聪。明有所不见，聪有所不闻，举大德，赦小过，无求备于一人之义也。"东方朔认为，皇帝之所以在帽子前加上下垂的穗遮挡视线，在耳中塞上东西阻挡听觉，目的就在于排除干扰，更全面地看待一个人，不至于让一个人的小小缺点影响到这个人大的品德的显现。

从交友的角度看待这个问题，我们就应该以一颗宽容的心对待朋友。当人们抱怨自己缺少朋友或朋友都"忘恩负义"离开自己时，先不要忙于把罪名加到朋友的头上，而应首先从自己身上寻找原因。儒家曰胸襟坦荡，道家讲虚怀若谷，佛家说大肚能容，看看我们自己做到了哪一点？尽管每个人都有这样或那样的缺点，但每个人也都有这样或那样的优点。我们不能只看到缺点而看不到优点。《史记》中说"大行不拘细谨，大礼不辞小让"。我们也经常说"成大事者不拘小节"。明了这些道理，对于朋友的言行也就会有一个达观的态度。只有自己的修养认识提高了，才会结交到朋友。

这句话可以用到有关自身修养和交友的作文中，作为文中的一个分论点，强调在与人交往之时，宽容的品格是必不可少的。它还可以用在谈论宽容的文章中，如在论宽以待人、说宽容、戒求全责备等题目中，作一个有力的论据，说明宽容的重要性。

以财交者，财尽而交疏

以财交者，财尽而交疏；以色事人者，华落而爱衰。

刘向《说苑·权谋》

这句话的意思是说：在人与人之间互相交往的过程中，如果用金钱和物质作媒介，那么当金钱和物质用完以后，人与人之间的交往关系也就会随之结束；在男女两性关系方面，如果女性没有内在的修养，仅仅依靠美丽的外表得到男性的感情，那么当年华已逝、美色不再的时候，就不会再得到男性的宠爱。

这句话对我们如何与人交往有很大的启发。生活中，我们经常看到一些人通过给人送礼、请人吃饭等方式结交朋友。在他们有钱时，倒也能经常门庭若市、朋友成群；可是当他们的钱物用光以后，原来的朋友却所剩无几，这些被他们用金钱和物质收买来的朋友，又被别的人以同样的方式变成了朋友。在男女两性的关系中，很多女性希望通过自己美丽的外表，赢得男性的倾心。然而美丽的外表毕竟会随时光的流逝而老去，当女性的芳容由艳若桃花变成枯若桃核时，当初因女性的美丽外表而选择了女性的男性，自然也会再去寻找年轻美丽的女性，而把原来的女性抛弃。

作为社会的人，我们自然免不了与人交往、与人相恋。但在交往和相恋之前，我们应该有自己的原则和标准，有我们最后的底线。在与人交往时，我们应以真诚和善良来赢得他人的友情，而不是用金钱和物质收买友情。在情感方面，我们也同样需要真诚，心与心的交流才是真正的交流。爱上一个人，不仅仅是他那只有短暂存在的外表，而且是他永远不变的心灵。每个人都应把知识和道德作为自己立身处世的根本，没有内在的品质修养，只靠金钱和美色，永远不会得到真正的友情和爱情。

这句话可以用在讨论与人生观有关的金钱观、交友观、恋爱观等问题的作文中，用以表明在与人交往之时，无论是朋友还是恋人，我们都应以自己的内在的、精神的魅力吸引人，不能靠外表的、物质的东西打动人，否则感情就不能长久。它也可以用在谈论加强品德修养的作文中，以强调提高自身修养的重要性。

志道者少友

志道者少友，逐俗者多俦。

王符《潜夫论·实贡》

这句话的意思是说，把高尚的道德修养作为理想进行追求的人，朋友就少；追逐流俗、同流合污的人朋友就多。它向我们揭示了一种平日时常会见到的社会现象，值得我们思索。

从古至今，多少高洁之士、有志之人，因为不能与世俗同流合污而命运多舛、一生坎坷，不仅没有朋友，有时就连生的权利都被剥夺了。战国时期伟大的爱国诗人屈原，忠而见疑、信而被谤，因为不肯与世俗苟合，多次被流放，但是屈原却没有后悔，他坚持自己的高洁品性，决不向世俗低头。这样的高洁志士有很多，让人佩服。因为他们所追求的高出常人，所以时常不被人理解，只有很少的朋友。

与此相反，一些人没有高尚的情操、高远的理想、高贵的尊严，他们处身立世的原则就是失去自我、卑躬屈膝、随波逐流、明哲保身。只要是于己有利的事情，他们就会不择手段、不顾廉耻地去追求。这些人往往结党营私，互相勾结，在一个时期或一个地区沆瀣一气，形成势力。

这句话可以用在与人格有关的作文中。对高洁超俗的人进行赞美，对卑贱庸俗的人进行抨击。还可以用它来赞美那些坚持真理、坚持革新而不顾流俗诋毁的科学家、革命者、改革者等。也可以在谈到交友这一话题的作文中使用它，指出在交友中时常会出现这样一种情况。

近朱者赤

近朱者赤，近墨者黑。

傅玄《太子少傅箴》

这是一句广为传诵的话，意为"靠近朱砂的就会变成红的，靠近墨台的就会变成黑的"。借以比喻与好人在一起会越变越好，与坏人在一起会越变越坏。它强调了环境、外界条件对于一个人的影响作用，虽只有简简单单的八个字，却因其揭示的道理有普遍意义，表达得生动深刻而长期被传诵、被引用，成为最广为熟知的名言警句之一。傅玄的话用援譬设喻的手法，从日常现象中让人自悟其中道理，因现象可见，故其道理也极易理解明白，较之平白直露地讲道理更易于接受且印象深刻。

傅玄所说的道理，古人多有论述，是一种达成共识的见解。孔子曾分朋友为益友和损友，还有过芝兰之室、鲍鱼之肆的比喻；孟子的母亲为让孟子受好的影响，曾三次搬家；等等，都是这样一种认识。应该承认环境对于一个人的影响虽不是绝对的，却是普遍而重大的。尽管在恶劣的环境中，不好的影响下也有知书达理之人，却远不及在有利环境影响下这样的人多。所以对于这句话及其所讲述的道理，我们既应当看到它的普遍性，并从中吸取经验教训，又不排除它的特殊性，不是简单地从一个人的出身背景出发，而是谨慎、深入地了解他之后再作评论。

这句话可以出现在谈论交友的文章中，用以表明认真选择朋友的重要性，因为如它所言，你的朋友会给你有利或不利的影响。这句话还可以用在谈论外在环境对人的影响的文章之中，如果结合孟母三迁的事例，不失为有力而生动的论据。此外，在以往的作文命题中，我们也见过反其意而用之的题目，如1991年高考作文题目为《近墨者黑，近墨者未必黑》。其中后者就需要我们辩证地来看环境与个人关系的问题。这句话着重强调了环境对个体的影响作用，是一种有普遍意义，同时需要我们正确认识、分析的见解。

不以富贵而骄之

不以富贵而骄之，寒贱而疏之。

李白《与韩荆州书》

这句话出自李白，意思是说：不以自己的富贵傲视他人，也不因他人的贫贱而轻视别人。

李白的《与韩荆州书》作于唐玄宗开元二十一年（733）左右。当时李白在今湖南、湖北一带漫游，寻求仕进的机会，而韩荆州，即韩朝宗恰为荆襄地区的高级行政长官。李白听说他礼贤下士，乐于奖掖后进，便写了这封自荐信，希望能够得到他的援引。这句话的原文是"君侯不以富贵骄人，寒贱而忽之，则三千之中有毛遂，使白得脱颖而出，即其人焉"，意思是希望韩朝宗能更加礼贤下士，使自己能够有机会像毛遂一样脱颖而出，激昂青云。从这句话我们可以看出，李白恳请韩朝宗赏识他，举荐他，但却长揖不拜，不卑躬屈膝，保持了大丈夫的伟岸气质，表现了李白自负傲岸、桀骜不驯的性格，显示了他"安能摧眉折腰事权贵""平交王侯"的精神气概。

就字面意思而论，"不以富贵而骄之，寒贱而疏之"传达出中华民族以礼待人、谦逊克己的传统美德。这句话在写作时可以从不同角度多方面进行阐述和运用。例如，我们可以用这句话来谈礼貌问题，"不以富贵而骄之，寒贱而疏之"就可以说是一种待人接物的礼节；我们还可以用它来谈道德，这句话可以表示人人所应具有的理想的道德标准；我们还可以用它来谈修养，这句话就可以表示富而好礼的完美人格修养；我们还可以用它来谈中华民族乐而好客的传统；等等。总之，因为这句话具有极强的概括性，从不同角度进行阐发，则表示不同的意义。

损己以利物

损己以利物者，物既利矣，而物亦利之。

罗隐《两同书·损益第三》

这句话出自唐代罗隐，罗隐是晚唐时代的一位文学家，曾十次参加进士考试都没有考中。因为现实社会的黑暗和他自身仕途的坎坷，他的诗与小品文都颇多讽刺现实之作，曾被鲁迅先生所称赞。就是这样一位屡受打击、愤世嫉俗的文人，在文章之中他还是说"减少自己的以增加别人的，别人的既然增加了，那么别人就会反过来增加你的"。强调了利人终将利己的道理，让我们看到了他的热心肠。

罗隐的话是针对人际关系来说的。它指出了人与人关系的相互性，强调要以一种多为人谋福利的态度来对待他人，而不要太计较个人得失，做一个自私自利的人。罗隐所说的待人处事的态度是应该提倡的，如用今天的眼光来看，他的话有很高的觉悟，实际上体现了一种舍己为人、甘于奉献的精神。我们每一个人都生活在人群中，良好的人际关系势必会使我们心情舒畅、工作愉快，而这种关系的营造实应从我做起。多给他人一点儿温暖、一点儿关怀，别人也将会在你需要帮助时伸出手来。罗隐这句话实际在强调，我们要少一点儿自私思想，多一些利人行动。

在作文中，这句话可以用在批评自私自利思想、言行的文章中，作为论据，从反面证明人应当多做些利人的事。它也可以出现在赞扬舍己为人精神的文章中，以表明拥有这种精神的人会得到众人的赞扬与回报。在谈论如何待人处事及谈论人际关系的话题中，都可以用它引出一种应有的正确态度。

辨识人才

多者不为珍，少者固为神

玉少石多，多者不为珍；龙少鱼多，少者固为神。

王充《论衡·自纪篇》

这句话的意思是说：山上玉石少石头多，所以多的石头就不能成为珍品；水中龙少而鱼多，所以少的龙自然就成了神，被人们崇拜。

表面看来，这句话所说的道理就是我们平时常说的物以稀为贵。但是仔细想一想，二者却又不尽相同。一般我们说物以稀为贵，其实表示的是人们一种不很正常的心态。世界上的事物有很多，这其中包括好与坏。如果仅从多与少的角度考虑贵贱高低的区别，那么事物之间也就失去了判别是非的标准。而王充这句话却在物以稀为贵的基础上，让我们看到了"物"的自身性质对其价值的决定作用。玉石之所以被人们当成珍宝、龙之所以被人们崇拜，不仅仅因为它们在数量上的稀少，更多的是因为它们自身的内在品质。假如玉石不是光滑温润、色彩柔和，能带给人们美好的感受，古人就不会把人的品德和玉石比附起来。同样，如果龙没有乘云雾而变化，上能飞于天、下能入于渊的本领，也不会被人们奉若神明。很简单的道理，石头即使比玉少，也不会登上大雅之堂；鲤鱼即使能跳龙门，也没有龙的气魄与神采。内在的魅力永远比外在的存在形式重要。

这句话可以用在论述职业选择、专业选择等文章中，以表明在此类问题中不能盲目追求热门，因为按照这句话所揭示的规律，所谓热门也是在因加入的人的多寡，再加上市场的需求而变化的。它还可用在谈人才问题的作文中，如上所述，它既强调了人才的难得，又强调了内在素质的重要性。

十步之间，必有茂草

十步之间，必有茂草；十室之邑，必有俊才。

王符《潜夫论·实贡》

英雄无用武之地是封建社会中最多、最深的感慨之一。许多有识之士纷纷站出来告诫最高统治者和达官显贵们，低头看一看，别让那么多人才被冷落了。东汉哲学家王符在他的著作《潜夫论·实贡》中就说了这样一句话："在十步之内，一定会有茂盛的芳草；在十家的小镇上，也一定会有才华横溢之士。"他的话强调天下处处都有人才，人才并不仅仅存在于高门之中，是针对现实有感而发。东汉时门阀制度已现端倪，到章帝时选举已被门阀包办，许多才俊之士因出自寒门而无缘仕途或沉沦下僚，王符就出生在章帝统治后期，一生隐居著书，讥评时政得失，对于用人方面的弊端自然不满，这句话就是在提醒统治者要善于发现人才，任用人才。

王符的话运用类比手法，指出了当时社会在用人方面存在的问题。其实，在漫长的封建社会中，注重门第、用人唯亲的现象屡见不鲜，很多有才华的人没有机会得以施展，这对国家、社会及维护封建统治都是不利的，也就有不少人说过类似王符所说的话，他之前西汉刘向在《说苑·谈丛》中曾说过"十步之泽，必有香草；十室之邑，必有忠士"。后来隋炀帝在大业元年的诏书中也说"十步之内，必有芳草，四海之中，岂无奇秀"。可见这是一种普遍的认识，只不过落到实处做得不够。

这句话强调的是人才处处都有，关键在于用人者的态度，它适用于谈论识人、用人的题目之中，以引出知人善用的论点。自然它也可以出现在谈论领导干部工作作风的文章中，用来强调领导者要深入了解下属，以便及时发现人才。它还可以在谈论广泛听取群众意见这样的论点中出现，以表明如此做的必要性。

有行之士，未必能进取

有行之士，未必能进取；进取之士，未必能有行也。

曹操《敕有司取士勿废偏短令》

曹操无论在史书中还是在小说中都是一位非常重视人才，善于运用人才的政治家。上面的一句话出自他的《敕有司取士勿废偏短令》，意思是"有德行的人，不一定有进取心、有作为；有进取心、有作为的人，不一定有德行"。曹操提出这一观点与当时的时代背景有重大的关系，汉代选拔人才由地方举荐，更重德行，一些举荐者徇于私情，造成许多弄虚作假的现象。为纠正这一弊端，曹操曾提出"唯才是举"的用人方针，这句话依旧体现的是这一方针，它强调取士之时，不能因品德上的缺点而抛弃他们。

曹操的这句话涉及的是一个人们一直非常关注的话题：才与德的关系。在这一问题上，曹操更在意一个人的才能，认为对一个人才，不能因为其少德而不加以运用。这是因为他所生活的时代非常动荡，谁能任用更多的有才之士，谁就有更大的希望得到天下，而他是志在天下的，所以会有这样的态度。这也是为什么在乱世之中，用人经常会先考虑他的才，而不太计较他的德；在太平岁月中，用人却往往先考虑他的德。其实，曹操这句话如不放在特定的时代，不去看它的上下文，完全可以当作对有才与有德二者关系的客观说明，说得非常合理。长期以来，人们在谈论一个有才的人时，常常会想当然地认为他也一定会有德，其实未必。

曹操的这句话揭示的是有才与有德的关系，所以如果我们遇到了相关的题目，如：才与德、怎样是合格的人才、论德育教育，等等时，可以将它作为一个分论点或理论论据，意在强调二者没有必然关系，在重视才能教育的同时不能忽视德育教育。当然在谈教育这一类的题目中也可以引用这句话，其着眼点仍和上面的用法相同。

木秀于林，风必摧之

木秀于林，风必摧之；堆出于岸，流必湍之；行高于人，众必非之。

李康《运命论》

此句出自三国魏李康的《运命论》，是作者针对一种社会现象所发表的感慨。它意思是说，"如果一棵树比整个树林中别的树木高大秀美，那么风就会先摧毁它；如果一个土堆超出堤岸，那么水流一定会把它冲刷掉；如果一个人的品行高出于常人，那么必定会遭到毁谤。"在这段话中，李康先从我们日常习见的自然现象入手，说明突出的事物，容易招致外来的伤害，进而引出与此相类似的社会现象，常人对于各方面超群之士，往往多加指责，予以诽谤，作者于此深有感触。

其实这样一种社会现象长期以来都或多或少地存在着。究其原因，一方面卓绝之士，往往事事突出，不肯合于流俗，又多个性鲜明，恃才傲物；另一方面，普通人中有一部分心胸狭隘，见不得别人超过自己，嫉妒心强。两方面一结合，就导致了上面的现象。应该说这样一种现象是该被批判的，属于一种不健康的心理反应，它非常不利于人才的培养。尤其领导干部，如果也如此，就会使许多人才被扼杀、埋没。封建社会中等级森严，嫉贤妒能者多，真心实意奖掖提拔后进者少，所以使这种现象十分普遍，李康的这句话也成为一句广为流传，很有代表性的话。

在我们的作文中，如果遇到了谈论人才、成才之类的话题，这句话可引用进去，作为反面的论据来加以批判，以此表明人才的培养需要有利的社会环境，这样一种现象是该批判的。在谈嫉贤妒能的驳论文中，这句话也可派上用场，以证明这一现象是由来已久、根深蒂固的，在我们今天这样一个公平、民主的社会，尤其领导干部一定要坚决避免这样一种态度。

夜光之珠，不必出于孟津之河

> 夜光之珠，不必出于孟津之河；盈握之璧，不必采于昆仑之山。
>
> 刘义庆《世说新语·言语》

这句话出自南朝宋刘义庆。当时有一个很有辩才的人叫蔡洪，去洛阳应举荐，洛阳有人就说他是吴楚才子，亡国遗民，能有什么才能呢？蔡洪说了上面的话，并随后举出大禹、文王等贤君，生于东夷、西羌之地，来说明人才是不受地域的影响的。他说的这句话的意思是："夜光宝珠，不一定采自孟津的黄河；握不过来的玉璧，不一定产自昆仑山中。"

蔡洪的这句话是用物来比人，将夜光珠及价值连城的玉璧比作人才，说宝物不必产自固定的地点，借以来说明人才也是没有固定的生长环境的。也就是说不一定中华宝地、繁华都市就遍地英豪，偏远蛮夷之处的人就一无是处，不一定官宦子弟就尽能成才而寒门之中就没有栋梁。蔡洪所要强调的诚如人们常说的那句话：英雄不问出身。他的这句话在漫漫封建社会中极具现实意义。长期以来，中原地区的许多人看不起周边地区的人民，觉得那里是蛮夷之地，是穷乡僻壤，不可能会有什么人才，蔡洪的这句话无疑给这些人敲了敲警钟。在封建社会，是极看重出身的，尤其在东汉魏晋时期，门阀制度极严格，一个人的出身就已经决定了他一生的命运，所以会有很多才俊之士，如左思等因出自寒门，而一生沉沦下僚。

蔡洪这句话即使在今天依旧极有意义，现在仍然有一些人在用人时很注意他的出身背景，看不起那些来自偏远地区或工人、农民等家庭出身的年轻人，看到蔡洪的话，不知他们有何感想？

总之，蔡洪这句话，可以用在讨论人才这一问题的文章之中，比如论人才、论成才、论用人等等，借以说明对于人才，我们应该看重的是才能本身，而不必去计较他的身世如何。

小疵不足以妨大美

白玉微瑕，善贾之所不弃，小疵不足以妨大美也。

吴兢《贞观政要·公平》

唐代名臣魏徵善于讽谏，这句箴言就是他在贞观十一年，给唐太宗李世民上疏中所写的一句话。

在这句话中，"善贾"指善于做生意的人。全句含义为：白色玉石上面带有微小的斑点，精明的商人不会扔掉它，因为小瑕疵不会影响到白玉的整个美质。

很显然，魏徵是在进谏过程中运用了一个巧妙的比喻，他用白玉比喻君子，用微瑕比喻君子的小缺点，从而劝谏李世民不要只看到君子的缺点和小人的优点，将小人和君子混为一谈；也不要因为自己的判断失误而亲小人，远贤臣。魏徵希望李世民能够全面地看待一个人和朝廷政务，能够分辨君子和小人，同心同德与结党营私之间的本质区别，以利于治理国家、处理政务，使社稷长治久安。

魏徵的妙论提醒我们，包括选贤用人在内，我们对待周围事物的态度，就应该长谋远虑。不能过分重视事物的小缺点而忽视事物的优点，也不能只看到事物的优点而不顾及其缺点，否则就会因小失大。正如哲学上所讲的，分析事物要一分为二地看问题。既要看到主要矛盾和矛盾的主要方面，又要看到次要矛盾和矛盾的次要方面。我们不可以以偏概全，夸大主要矛盾和矛盾主要方面的支配作用，也不能"一叶障目，不见泰山"，被次要矛盾和矛盾的次要方面所误导而走向极端，这是观人、待物、处世的不二法门。纵观历史，也诚如魏徵所言，凡是帝王委小人以重任的朝代，都是朝纲混乱，政治腐败；凡是被君王罢黜的贤臣，都在史页上留下光辉的一笔。魏徵之睿智，令后人折服。

我们也可以将这句箴言分成三个角度加以分析论述，以备应试作文的需要。

其一，要全面看一个人，不要因其小毛病而片面地评价其为人。

其二，我们应该努力改正缺点，防止给人留下不良印象。

其三，伟大的人物不会因为有缺点而影响其伟大。

因其材以取之

因其材以取之，审其能以任之。

吴兢《贞观政要·择官》

这句话是魏徵选官用人的方法之一，语出他给唐太宗上的奏折之中。他希望国君能够仔细观察在朝为官的臣子们，发现他们优缺点，以量力而用。

这句话的原意是：按照官员们的长处择取，审查他们的才能来任用。

魏徵的用人观即使在现在，也是很有价值的。魏徵没有完全弃用有短处的官员，他希望人尽其才，才是科学的用人观，历史证明唐太宗在这一时期的确任用了十分优秀的官员来承担要职，其中自有魏徵的功劳。

《贞观政要·崇儒学》中还有这样一句话："为政之要，惟在得人，用非其人，必难致理。"说的也是掌管政事的关键，就在于得到合适的人才来使用，用非其力，就必然难于治理好国政。这就如让千里马去做驿马是物尽其用，如果让它去拉车则是一种浪费。

我国的宋代在战事上经常失败，其根源就在于宋朝君王怕武将夺权而任用文官来掌兵权，指挥战事，这恰恰是原则上的错误，所以说，政治上以致更多的事都需要选用合适的人才，这也是我们可以议论的观点。

用此论点可以论证如下现象：

其一，我国许多大中专、本科毕业的学生往往找到一份与自己专业不对口的工作，需要从头来学，这是一种人才浪费。

其二，我们应该提高自己的综合素质，从而可以给自己提供更多合适的就业机会。

士穷乃见节义

士穷乃见节义。

韩愈《柳子厚墓志铭》

柳子厚，即柳宗元，他与韩愈是唐代文坛上一对挚友。他们之间固然有着政治上的仁智之见与分歧，但是在文学上的唱和应答却成为文坛上的佳话。即便是在柳宗元死后，韩愈也仍然在此墓志铭中对其予以盛赞，其中有一句名言，即"士穷乃见节义"。

在这里，"士"是指读书人，具体代指柳宗元；"穷"意为

"困难或不得意的环境";"节义"是古代人所尊崇的节操或高尚情操。这句话的含义是说:"读书人遇到最困难的环境,就表现出了他的节操和原则性。"

韩愈如此赞扬柳宗元的历史背景是:柳宗元与刘禹锡因参加了王叔文比较进步的政治改革,被唐宪宗于元和十年(815)贬为边地刺史。但刘禹锡任地环境恶劣且上有高堂不宜任职,于是柳宗元冒死要求与刘禹锡易地而任职。韩愈称颂他的这种美德,缘于柳宗元的品德操守与当时党派林立、尔虞我诈的官场风气相比之下显得尤为高洁,内心钦佩无以复加,无限感慨遂自然流露出来。

以后人的眼光来看,中华民族重视气节的人何止以韩愈、柳宗元为代表的杰出文人,"重节义"一直是我们的传统美德,以下事例即是明证:

一、明代方孝孺颇有声名,朱棣登基为帝前欲让其起草登基的诏书,但方孝孺义正词严揭露其篡君窃国之恶行。朱棣以灭九族相胁迫,方愤然写下"燕贼篡位"后慷慨就义。

二、《世说新语》中记载的荀巨伯在探望病中好友时遇到胡人围城,他断然不肯舍弃朋友而独自逃命,破城之胡兵敬其义举,舍城而去。

相对来讲,这一类文章比较容易,只要抓住"志节""节义"这个核心,论点就不会走偏锋,其他的问题,只需按照议论文的一般套路去写就可以了。

观书观其意，慕贤慕其心

> 观书者当观其意，慕贤者当慕其心。

《辨迹论》是刘禹锡在被贬朗州期间（806—814年）写的一篇关于评价历史名人的政治论文。作者通过对房玄龄等人的综合分析，阐明了自己评价历史人物所持的基本观点，即"看书的人应当洞察它的本意，仰慕贤人的人应当仰慕他的本质"。

刘禹锡辨别贤人的标准是其思想是否贤明，同时他也表露了个人的"任人唯贤"的思想核心。他以看书作为比喻，将贤人比作好书，希望仰慕好书与贤人的人能够不被他们的外表所迷惑，而能够洞察他们的本质核心，然后从其中有所学、有所得。

刘禹锡的辨贤观，应该给予我们一些启示：当代一些地方官在政绩上十分突出，受到上级的重视，然而他们当中也有一些人靠弄虚作假发迹，还有一些人在功成名就后又干起了满足私欲的罪恶勾当，最终，一些"好官"又走下神坛，身败名裂。在日常生活中，由于商人的牟利炒作，一些文化产品铺天盖地而来，当我们真的耗费精力和财力去欣赏时，却发现有些文学书籍根本空洞无物或者低俗不堪，所以将刘禹锡的本意引申开来，我们可以从以下几个方面来立论：

其一，我们要全面考察一个人，一个官员的优劣，让时间来分辨珍珠和鱼目。

其二，我们要擦亮自己的眼睛，多读好书。

其三，我们要透过现象看本质，用心观察周围的事物及世界。

薄于当世，而荣于后世

> 古之人未始不薄于当世，而荣于后世也。
>
> 柳宗元《与杨京兆凭书》

此名句出自柳宗元笔下，是他在与好友岳父杨凭的书信中所提到的观点。此时，柳宗元逢被贬远州，他的思想更加敏锐进步，对人的才能与名气关系做了一番深刻阐述。

这句话的含义为：古代的人未尝不是被他们同时代的人所轻视，然而却都为后世人所尊崇。柳宗元在评说古代贤人的同时，也是在发泄自己不为朝廷所用的郁闷。其实很多贤者在当世都不为人所重视，而死后却名垂千古，其中的原因是多方面的。

古语说：千里马常有而伯乐不常有。就是说世上能够择贤人而用的人太少了，应该说具有敏锐眼光的人也应该是贤者，凤毛麟角也很正常。如果世界上管理用人的人都是贤者，那世界早就进入大同了，但这太不科学，是幻想。另一方面，老子说，大智若愚，大巧若拙，大勇若怯，贤者中的很多人看起来都是与平常人并无二致，能被人所看重又是多么难啊，所以柳宗元发出的"今之俗耳庸目，无所取信"的幽愤也是自然而然的。

贤人不为所用何止中国古代，古今中外比比皆是，如凡·高生前窘迫不堪，死后作品价值连城；美国汽车业大王艾柯卡为人所弃，又重新创业。所有这些事例都提醒我们：

其一，要善于观察别人，看到别人的优点。

其二，如果自己有才能，要学会表现自己。

其三，不要人云亦云，要有自己独特的待人观念。

才者，德之资也

才者，德之资也；德者，才之帅也。

司马光《资治通鉴·卷一》

智伯联合韩康子、魏桓子攻打赵襄子，结果大败被杀。司马光在评论这段史实时，认为智伯的灭亡是因为他的才能超过了品德，接着就有"才者，德之资也；德者，才之帅也"这句话，它的意思是说，才能是品德的凭借，品德是才能的统帅。

司马光的这句话语意精深，它正确地阐明了品德与才能的关系：二者是辩证统一的，彼此不可或缺。在品德与才能之间，一方面，品德因才能的存在而得以成就；另一方面，它又统帅、制约着才能。没有才能的品德就如无源之水、无本之木，不能成就其自身；而没有品德的才能又如一盘散沙，失去了核心与统帅，因而容易误入歧途，导致害人害物。所以，致性修身应二者兼顾，德才兼备，不可偏废。纵观古今，多少领袖中坚，之所以能成就其伟业，流芳于后世，并为后人顶礼之膜拜，并不唯其有高尚之品德或精明之才干，而是两者兼而备之的结果。使才干有统帅，令品德有凭借，只有这样，才不致品行偏失，有才无德或有德无才。这样看来，司马光的这句"才者，德之资也；德者，才之帅也"高度概括了德与才的关系，也正确阐明了为人要德才兼备的道理。古人的这句睿智名言同样适用于当今，在追求物质文明和精神文明同步发展的现代社会，更需要德才兼备的高素质人才，仅仅有德或仅仅有才都不符合时代对人才所提出的要求。

在写作实践中，"才者，德之资也；德者，才之帅也"可以应用于与人才培养有关的作文中，用以说明才德兼顾的道理，比如，在谈到素质教育时，你可以用这句话来说明高素质的人才必须才德相称。也可以用在谈论才与德的关系的作文中，作为中心论点使用。

事无全利

事无全利，亦无全害；人有所长，亦有所短。

张居正《陈六事疏》

　　事情不会全是有利的，也不会全是有害的；人也如此，各有长处，也各有短处。古人早就认识到了这一点。而现代社会中，偏偏还有那么多的人总喜欢以一己之偏去品评世事，评价人才。盲目乐观的人会认为某件事有百利而无一害，过分悲观的人会认为某事根本没有存在的价值；缺乏自信的人会认为别人什么都比自己强，过于苛责的人则看别人一无是处。从好的方面看人看事至少能积极乐观地对待生活，而只看到事物的害处、人的短处的人，恐怕每天只能在挑剔和不满中过日子了。

　　这句话比较适合于论证以下观点：应一分为二地看问题；不能以偏概全；不能求全责备，等等。以下面的材料作文为例，进行分析。作文所给材料如下：

　　一对孪生小姑娘走进玫瑰园，不多久，其中一个小姑娘跑来对母亲说：

　　"妈妈，这里是个坏地方！"

　　"为什么呢，我的孩子？"

　　"因为这里的每朵花下面都有刺。"

　　不一会儿，另一个小姑娘跑过来对母亲说：

　　"妈妈，这里是个好地方！"

　　"为什么呢，我的孩子？"

　　"因为这里的每丛刺上面都有花。"

　　听了两个孩子的话，望着那个被刺破指头的孩子，母亲陷入沉思。

　　作文的一项要求是：根据所提供的材料，请你就第一个小姑娘的说法，联系生活实际，自选角度，自拟题目，展开议论。

有一位同学这样入题的："小姑娘在玫瑰园里玩耍，被花下的尖刺刺破了手指，她哭着对母亲说：'这里是个坏地方，每朵花下面都有刺！'小姑娘的话道出了多少人对待生活，对待人才的态度！他们没有想到，'事无全利，……'任何事物都是矛盾的对立统一体。我们对待任何事物都应一分为二，抓住并发扬好的，不能一叶障目，不见泰山。对待人才，应尤其如此。"作者在引述了材料后，用张居正的这句话自然地引出了其作文的论点——对待人才应全面地认识，不能求全责备。可以说是水到渠成。

圣人取人

圣人取人，不以有功掩其过，不以有过掩其功。

薛瑄《薛文清公读书录》

这是一段关于用人原则的论述。英明的人在用人之时，不会因为一个人的功劳很大，就对他的过失视而不见。也不会因为一个人有了过错，就一笔抹杀了他的功劳。这是一种客观公正的态度。对于一个用人者而言，只有这样，才能赏罚分明，收服人心，使自己的事业立于不败之地。

我们常说"人非圣贤，孰能无过"，既然谁都会犯错，那么就没有必要避讳和掩饰，尤其一些有一定功劳的人，如果对他们的过失视而不见，往往会使他们渐渐滋长出骄傲情绪，不但不思改正和弥补过失，还会因用人者的姑息而恃宠生骄，忘乎所以，最终只能导致过失越来越明显，甚至其危害程度远远大于他所立下的功劳。我们党对于那些曾为人民做出过很大贡献却难抵金钱美色诱惑的官员的严惩，不正是认识到"以有功掩其过"将会带来的严重后果，进而采取的果断措施吗？

将眼光只盯在一个人的功劳上固然不可取，但一味盯着另一个人的过失也是偏激的做法，白璧尚且有瑕，何况于人？春秋时的秦穆公说的那句"不以一眚（眚 shěng：过失，错误）掩大德"，正是体现了一个用人者应有的心胸，所以才能奠定他春秋五霸的地位。"不以有过掩其功"并不代表对过失视而不见，而是功过分明，这样才能促使人们勇于改正错误，争取更大的功劳来"报答"用人者的知遇之恩，所有用人者都应该明白这个道理。

这句话一开始就点明是关于人才使用问题的，在我们的作文中常常可见这类论题，尤其高中作文中出现的频率较高，它作为论点、论据都可以，为了增加形象性和说服力，典型的例子是必不可少的。

观操守在利害时

观操守在利害时，观精力在饥疲时，观度量在喜怒时。

吕坤《呻吟语》

看一个人是否有操守，要看他处在利害关头时如何取舍；看一个人精力如何，要看他在饥疲之际能否一如既往；看一个人度量多大，要看他面对大喜大怒时的一举一动。吕坤用简短的语言，道出了识人的原则。

俗话说："时穷节乃现。"古往今来，多少仁人志士都是在国家民族存亡之际，个人荣辱得失之间表现出非凡的气节，以其高尚的情操而名垂青史。苏武被扣留匈奴十九年，终不改汉臣本色，成为麒麟阁十一名臣之一；文天祥在南宋危亡之际，高唱"人生自古谁无死，留取丹心照汗青"，被后世所敬仰。和他们比起来，那些平日满口忠孝节义，一遇到生死关头、得失之际便没了节操的人，显得多么虚伪、多么可鄙。

精力也是一种精神，一种意志，这种精神和意志在饱暖、舒适的环境中是显现不出来的，只有在饥疲难耐的时候才得以凸现。头悬梁、锥刺股的故事不就发生在常人难以忍受的疲惫之时吗？明代的宋濂年少求学时，不也是克服了那些富家子弟难以想象的饥寒吗？这些故事中的人物之所以都能有所成就，和他们那种只有在饥疲时才能显现的真正充沛的精力、顽强的意志是密不可分的。

面对突发的事件和令人气愤的事情，是观察一个人气量大小的最好时机。我们常常赞叹某人的宠辱不惊，其实，要做到这一点是很不容易的，需要深厚的涵养和豁达的心胸，否则，像范进一中举便痰迷心窍，王熙凤一见尤二姐进贾府便借刀杀人，只能留下笑柄和骂名。

吕坤的这句话从不同的方面说出人的本性往往在关键时刻才得以显现。我们在作文中可用它作为论点。另外，也可以用来告诫用人者在识别人才时要注意通过他面对抉择和困难时的态度再对他下结论；而且，我们也可以根据需要选取其中的一则作为论点或论据。

不以一时之誉断君子

不可以一时之誉断其为君子，不可以一时之谤断其为小人。

冯梦龙《警世通言》

这段话出自于《警世通言》中《拗相公饮恨半山堂》，意思是，不能因为一时的赞誉，而断定一个人就是君子；也不能因为一时的毁谤，就断定一个人一定是小人。就像西汉的王莽，在篡位之前摆出一副谦谦君子的模样，一时间为天下人赞美，及至其野心暴露，人们才发现他原来是一个不折不扣的伪君子，真小人。西周的周公，辅佐年幼的成王，事无巨细，都亲自处理，于是一群别有用心的人便散布谣言，说他有夺天下之心，一时间，周公成了一个野心家。待到他完成辅佐大业，主动还政于成王，谣言便不攻自破。

现实生活中有很多这样的例子，有很多人评价一个人时不做深入的调查，只凭道听途说便轻易地下结论，因此而错误地将君子视作小人，将小人视作君子。这样做的结果是，轻则不能正确地品评人物，重则亲小人，远君子，给事业带来损失。

冯梦龙在说这段话时，突出了"一时"（某一段时间），"誉"
"谤"（别人的赞誉或毁谤），说明只凭短期内的道听途说是不足
以作为评价一个人的标准的，可为选才用人者之鉴。

在以选才为论题的作文中，我们可将这段话作为一个很好
的论据，说明用人者不要对人才轻易下结论；另外，我们还可
借用这段话来论证评价别人要去深入了解而不能仅凭道听途
说；而且，在论证"日久见人心"的文章中，也不妨借此句一
用，从反面增强文章的说理性。

马不可以服重

马不可以服重，牛不可以追速。

申涵煜《省心短语》

马天生善于奔跑，若让它驮着重担充当苦力，则是避其长
而扬其短；牛是负重的动物，行动迟缓，若硬逼其奔跑追赶，
那就是强其所难。清代的诗人申涵煜（申涵光弟）以人们对动
物的使用为例，阐述了人的世界中关于人才使用的问题。

人人都赞赏千里马，佩服垦荒牛，那是因为它们各自都发
挥了自己的最长处。如果硬要它们做对方的工作，那么长处就
会变成短处，结果只能是适得其反。人也是一样。世上没有全
才，即使是所谓的"才高八斗""旷世奇才"，也有其不如别人
的地方。体育明星人人仰慕，却可能是文化知识方面的"低能

儿"；作家妙笔生花，有的人却连最简单的加减乘除都弄不明白；电脑奇才纵横于网络世界，写起文章来也许语句不通。他们之所以能有所成就，就是因为他们都充分发挥了自身的长处，避过了短处。体现在用人者的用人原则上，就是要做到——扬长避短，各尽其能。

申涵煜的这句话用比喻的方式道出了人才使用方面的原则，遇到这一类作文时可以把它拿来作为论据。另外，在论证"尺有所短，寸有所长"这样的主题时，它也可以作为很好的论据。

千人不如一士

千羊之皮，不如一狐之腋；千人之诺诺，不如一士之谔谔。

司马迁《史记·商君列传》

这句话意为："一千张羊皮，也不如一张狐狸腋皮珍贵；一千人随声附和，抵不上一个人的直言争辩。"这句话告诉我们直言真话和敢于直言者的可贵。司马迁在此运用比喻的手法，形象地说明了这个问题。大家都知道狐狸腋下皮的稀有可贵，它一张的价值可以胜过千张羊皮，作者在"一千"与"一"的对比中，既肯定了它的价值，又突出了它的稀有，以此来喻直言真话，可谓贴切之极。古往今来，尤其是漫长的封建社会，随声附和、人云亦云的人多，敢于直言进谏的忠勇之士少。而一个国家的强盛，一个集体的发展，更多的得利于这样的人和话。贤明的君主、领导也一定是能赏识直言者，善于听取意见的人。

司马迁在这句话里肯定了直言者和直言真话的价值，应该说在任何时代，在任何一个集体之中，这样的人都是不可或缺的，也是难得的，他们既要有高度的责任心，又要有见解、有勇气。他们的话因为能切中时弊，会使这个集体不断向更好的方向发展，所以要远远胜过众多随声附和者的话。

这句话在作文里可以用在以下几类题目中，一是赞扬说真话或批评随声附和的现象的文章中。二是在讨论对待批评意见的态度的文章中，用它指出领导者应善于听取意见。三是谈论用人的文章，可以用它表明对于直言之士，应爱护，而不应冷落。当然这句话也可以用在赞美坚持说真话的人，出现在记人的作文或抒情的散文之中。

道德品行

德有所长，形有所忘

> 德有所长，而形有所忘。人不忘其所忘，而忘其所不忘，此谓诚忘。
>
> 《庄子·德充符》

《庄子·德充符》列举了许多形体残疾而德行充足者的例子，旨在破除外形残余的观念，而重视人的内在性。

"德有所长，而形有所忘。人不忘其所忘，而忘其所不忘，此谓诚忘"的意思是说：只要有过人的德行，形体上的残缺就会被人遗忘。人们如果不遗忘所应当遗忘的（形体），而遗忘所不应当遗忘的（德行），这才是真正的遗忘。他这番话是在什么情境下感发的呢？原来有一个跛脚、伛背、缺唇的人去游说卫灵公，卫灵公很喜欢他；有一个脖子生大瘤的人去游说齐桓公，齐桓公很喜欢他，看到形体完整的人，反而觉得他们脖子太细小了。看来，虽然两个人形体残疾，可其道德充盈完美，生命流露出强大的精神力量，形成向心力、凝聚力而吸引着人们。简言之，他们是凭借内在的德行使世人悦纳自己；而两位国君恰恰是不囿于形体残疾的表象、珍重内在德行才赏识其人。可算是千里马遇上了伯乐，钟子期遇上了俞伯牙。

当然，庄子所谓的"德"有他特定的内涵，能体悟宇宙人生根源性与整体性的谓之德，并不等同于今天我们所说的"道德"的含义。但是，后人的引用转说并不拘泥于庄子原初的意义，而将其奉为观人阅世的真知。

在写有关人的审美方面的作文时，可以引用这段话告诉人们要树立正确的审美观，不能以貌取人，不能根据外观轻易地肯定或否定一个人，应不带任何世俗偏见内视人的心灵。也可以引用这段话告诉那些外表不完美的人，形体的缺憾并不可怕，因它掩抑不住内在美的光辉，那些以貌取人者不过是些有眼无珠的媚俗者罢了，心灵的充实完美会散发出难以掩抑的魅力；对于那些形体美好的人，用这句话告诉他们（她们）注重内在美的塑造，不能因拥有姿色便放弃对自己灵魂的反观。

井蛙不可以语于海

井蛙不可以语于海者，拘于虚也；夏虫不可以语于冰者，笃于时也；曲士不可以语于道者，束于教也。

《庄子·秋水》

《庄子·秋水》开篇写道：秋天的汛期到了，千百条水流注入黄河，河神不禁洋洋自得，以为天下的盛美都集中在自己一身了。而东行见到北海后，才知道自己的渺小，感叹自己要不是见到北海就会永远被懂得大道的人讥笑了。北海海神名若，看到河神态度真诚地承认自己见识鄙陋，就和他谈论起了价值判断的相对性问题，指出了由时空的无限性与事物变化的不定性决定的人认知与确切判断的不易性。

"井蛙不可以语于海者，拘于虚也；夏虫不可以语于冰者，笃于时也；曲士不可以语于道者，束于教也"，是北海海神回答河神的开头语，意思说：井底的蛤蟆不可以和它谈论大海，因为它局限于自己的活动范围；夏天的虫子不可以和它谈论冰雪，因为它受到生存时间的限制；乡间的书生不可以和他谈论大道理，这是因为他受到后天教育的限制。这段话用类比法，从空间、时间、后天教育三个方面，说明人因为受到各种各样条件的限制，对事物的认知与判断不可能是绝对的，只能是相对的。

宇宙浩瀚，历史绵远，学海无涯，沧海桑田……诸如种种，人倾其所能所有，都只能把握或认清其中一部分，甚至只是一点点。人生在世，不过百年，几尺之躯，立于方寸之地；耳听目视之域，难越百里……诸如种种，全知全能只是无知者的谵语，人没有妄自尊大的理由。这就是这段话告知人们的内容。

在讨论人的认知问题的作文中，可用这句话来说明人由于主客观条件的限制，对事物的价值判断只有相对性；在谈学习态度的作文中，可用这句话来说明人自高自大是愚蠢而短视的：学海无涯，再博学的人所学到的也不过是沧海一粟，没有最多，只有更多地不断努力；在有关自我认识的作文中，引用这段话，说明人不但要对自己认知的相对性有清醒的认识，而且也要对他人关于自己的评价判断，保持平和冷静的心态，因为他人也被一些条件拘囿着。

外重而内拙

凡外重者内拙。

《庄子·达生》

《庄子》中对人的内在世界有细致入微的观察，也有入木三分的揭示，甚至此书描述的一些特定的社会条件下或情境中的人的心理活动和心理状态，恰恰某些就是现代心理学所研究的对象。

《达生》有这样一则寓言：颜渊说，有一次见一个摆渡的人驾船如神，就向这个人请教驾船技巧。这个人告诉颜渊，会游泳的人和会潜水的人很容易学会，但却并没有说明原因。

颜渊就去问孔子，孔子解释说："会游泳的人很快就学会，这是因为他适于水性。至于会潜水的人没有见过船就能行驶，这是因为他视深渊如同高地，看船翻就像车倒退一样，翻船车倒的万种景象呈现在他眼前，也不会搅扰他的内心，到哪儿他不从容呢？用瓦作赌注的就心灵手巧，用带钩作赌注就心性怖惧，用黄金作赌注的便心智昏乱。他的技巧还是一样，而有所顾惜，凡是重视外物的，内心就笨拙。"

此寓言最后一句"凡外重者内拙"旨在说明修养当以凝神为务，而对于现在的重要意义在于，表明了情境对个体心理的影响，如以贱物瓦器技击目标就能百发百中；以稍贵重的带钩投击就难以全中；以昂贵的黄金投击，则心智昏乱而不中。已被证实，《庄子》的这些描述与现代心理学所做的相关描述和实验结论是一致的。

在以下情形的作文中可以用这句话：一是谈工作、学习和生活中做具体事情的态度，提出专心致志、心无旁骛的立论，同时引用这句话作为反证；二是谈人如何调理自己的内在世界和外在条件的关系，以尽量使外在美与内在美统一和谐，尤应加强内在世界的完善为论点进行发挥，用这句话作反面说明；三是谈人观察、审视、判断、评价事物要抓住关键，不可被一些表面现象或预先的成见所困惑而舍本逐末，否则就会应了"凡外重者内拙"。

乡原，德之贼也

子曰：乡原，德之贼也。

《论语·阳货》

乡原即是乡愿，指的是同流合污以媚于世的"老好人"。老好人谁也不得罪，为什么孔子这么厌恶他，斥之为道德中的贼子呢？后来的孟子曾做出这样的分析："非之无举也，刺之无刺也；同于流俗，合乎污世；居之似忠信，行之似廉洁；众皆悦之，自以为是，而不可与入尧舜之道，故曰德之贼也"（《孟子·尽心章句下》）。意思是说，乡原这类人，批评他找不到错处，责难他无处下口；他同于流俗，合于污世；端坐在那儿显得很忠信，行动的时候似乎很廉洁；大家都喜欢他，他也认为自己这样做很正确，其实他根本不可能引领你走上尧舜之道，因此说是道德中的贼子。可见，孟子的分析是很正确的。老好人这类人，毫无原则立场，一味迎合他人，取悦他人，因此这种人最有"人缘儿"。因有人缘儿，这类人往往不吃亏尽占便宜，又弄得许多人为之羡慕，继之效仿学习。结果是遇见责任绕开走，人人争当老好人，为此弄坏了许多大事，甚至形成一种不分黑白美丑的恶劣世风。其实，老好人的完全不讲原则是以牺牲公众原则为代价，只讲自己的原则：不吃亏，占便宜。老好人最是自私自利的人。因此孔夫子认为他似德而非德，足以乱德——败坏道德；斥之为"德之贼"，可谓一针见血。不单是中国古代的孔子对这类人厌恶之极，革命导师马克思也是如此。马克思在回答女儿提出的"你最讨厌的人的缺点是什么"这一问题时，就用了两个字："逢迎"。

你不想自己变成一个乡原吧？那么为人为文，就可用这句话来自警；你不能忍受你身边那些乡原吧？也可以用这句话来批评、警告。

君子坦荡荡

> 君子坦荡荡，小人长戚戚。
>
> 《论语·述而》

戚戚：悲伤的样子，引申为局促忧愁。

在《论语》中，君子和小人既可以指统治者和劳动人民，也可以指道德修养高的人和品行不高的人，孔子这句话里的君子和小人指的是后者。小人品行不高，也并不专指坏人，这里与"大人"相对，我们可以理解为"大写的人"和"小写的人"。

君子为什么能胸怀坦荡呢？因为君子不以自我为中心，他爱憎鲜明，不仅爱自己，而且爱他人，他的憎恶，也不以一己之私为衡量的尺度，而是从公众利益是否受到损害出发。简言之，他没有"私敌"，只有"公敌"。他也有喜有悲，但他能超越自我中心，有置个人得失于度外的宽广胸怀。爱憎鲜明，超越个人的悲喜，是因为他有远大的志向：生命的意义就在于社会苍生的福祉。——这样的君子之风我们很难做到，但我们心向往之。

小人长戚戚，则原因与此相反。凡是品行不高的"小写的人"，总是斤斤计较，患得患失，以自我为中心。忽而手舞足蹈，那是占了便宜；转瞬惊恐不安，恐怕受了损失；爱一个人是这人对己有用，恨一个人，是这人与己为敌。这样的人的一生只是"活着"，处处以自我为中心，时时与欲望相搏斗，志气卑下，难免有"戚戚"之态。

理解了孔子的这句名言，愿我们把自己提高到"君子"的境界，离开"小人"的渊薮。那么作文运思，用这句话表达我们的人格理想，就不仅言简意深，而且很有气势。

知者乐水，仁者乐山

知者乐水，仁者乐山；知者动，仁者静；知者乐，仁者寿。

《论语·雍也》

知者，即智者，聪明的人。仁者，道德高尚的人。这二者都是儒家所提倡的理想人格。我们可以合二为一，理解为道德高尚的人又是聪明的人，也可以把智者和仁者对比来看，比较两种理想人格的不同，似乎这更符合孔子的原意。

为什么智者乐水而仁者乐山呢？因为水性流动欢活，变动不居，正如聪明的人思维敏捷，随机应变，故此智者喜欢水。山的存在则是高大静止，所谓风雨不动安如山，这正如仁者在任何情况下都坚守自己的人格操守，以不变应万变，故此仁者喜爱山。

为什么说智者乐而仁者寿呢？因为有智慧的人能言人所不能言，见解高超；遇事聪敏，超出一般人的迟钝，因此而快乐。仁者端庄稳重如山，内心平静如山，因为丰富而能超脱，因为高大而能超越，故此安康长寿。

春秋时期的孔夫子，就已经发现自然美了，而且注意到把自然美和人格理想的追求联系结合起来。因此，这句话可用于对自然美的欣赏上。当我们外出旅游，观赏到好山胜水之时，也可以发出这样的感慨："知者乐水，仁者乐山。"这样就不单表达了对自然美的领略，而且把山水之美和美好的人格联系在一起，这才是真正有意义的游山玩水。

我们也可单用这句话评价你所肯定的不同的人的个性、爱好、风度等等。比如，一个人敏捷好动，性格外向，另一个稳重好静，性格内向，即可用这句话评价和赞美对方。

我们还可以用这句话说明一种养生之道。因为智者的"动"和"乐"、仁者的"静"和"寿"，都可陶冶、锻炼身心，都是可行的养生之道。当然，这种用自然美象征理想人格的不同评价，把性格的内容含意削弱了。

狂者进取，狷者有所不为

> 子曰：不得中行而与之，必也狂狷乎！狂者进取，狷者有所不为也。

《论语·子路》

这句话很不好懂。中行即中道，中庸之道；中道之人即符合中庸之道的人。狂者，志极高而行不掩；狷者，知未及而守有余。这是北宋理学家朱熹的解释，意为：狂者是心志极高而不掩饰自己行为性格的人，如魏晋时期的"竹林七贤"；狷者指知道世道不可为而守护自己人格独立的隐士，如陶渊明。那么孔子这句话可解释为："得不到恪守中庸之道的人做自己的学生，那就退而求其次，选择狂者和狷者吧。因为狂者有进取之心，狷者懂得自己能做什么不能做什么。"

孔子周游列国，屡遭挫折，周济苍生的愿望不能实现，就一心讲学，想通过天下英才把自己的思想传之于世，因此他很重视学生的质量。他认为，最可造就的是中庸之士，又知道这上等人才可遇不可求，就退而求其次，选择心志极高又愤世嫉俗的狂者，又退而求其次，选择有所为有所不为的守护人格独立的隐居之士。的确，孔子的学生中各种类型的都有，孔子因材施教，可谓是一个了不起的大教育家。

懂了这句话的含义，我们可以不管孔子怎样选择人才，而在作文中要将人才或人的性格进行归类时，知道引用这句名言掌握人才或人的性格是可以有三种类型的，即中道之士、狂者、狷者就行了。我们是哪一类型呢？喜欢做哪一类型的人呢？这就成了我们的人格追求。还可以用这三类人去分析所有的人，形成评价不同人的一个标准。

君子和而不同

君子和而不同，小人同而不和。

《论语·子路》

理解这一句名言，关键是理解和、同二字。

"和"即中和，可一般理解为中庸之道。这在儒家学说中，是极高的一个境界。首先，在哲学上，和是杂多的统一。比如大千世界，林林总总，有万事万物，这是杂多；但杂多而又不混乱，万事万物既有其独特性，又相生相克，相互联系，构成了统一的物质世界，这就是自然宇宙的和谐。从道德上说，和是一种君子的人格。这种人格承认每个人都是不一样的，都有独特的性格、理想、情感，都有存在的合理性，都有不可取代的个人价值。但独立的人格之间又不冲突，每个人格都有巨大的开放性、宽容性和包容性，这样，就能以人之长，补己之短，各显其长，风采各殊，使社会既丰富多彩又和谐共存。

"同"则是貌似"和"其实与"和"相反的一个概念。首先，"同"中的事物和人物没有差别性、独特性，无论有多少人或物都像一个模子印出来的，因此数量再多也是单一，没有丰富性。其次，"同"中的人物或事物没有包容性，它们像一盘散沙，粒粒相同，又互不搭界，互无关联。因此"同"就是一样，儒家很反对这个一样。因为从哲学上说，万物万事一样了，就没有万物万事了，那只剩下一个死寂的宇宙自然。从道德上说，人和人一样了，那就没有了真正的人，人就变成了物。这样的人只能是小人。因为小人与君子相反，轻义重利，在名利场上厮杀，无论貌似多么不同，实质都是一样的：一群没有灵魂的东西。

因此，和与同正好相反。君子追求和谐而决不与世俗同流合污，小人却一定要与世俗同流合污而不能和谐，这就是"君子和而不同，小人同而不和"的解释。孔子的这句名言主要侧重于两种道德人格的对比，我们在作文中使用这句名言时也大多在这一层面上着眼。

唯女子与小人为难养也

子曰：唯女子与小人为难养也，近之则不孙，远之则怨。

《论语·阳货》

养：教育。孙：通"逊"，恭顺之意。这句话可译为："只有女人和小人最难教育，亲近他就变得不恭顺，疏远他又会抱怨。"

千古以来，这可算是孔子最让人反感的一句名言。孔子把女人和下等人并列在一起，又把女子排在前头，这明显的是极端歧视妇女。他认为，凡是女人，在天性上就难于教育，远了不行，近了不行，非得不远不近才行。如果说这也是孔子提倡的一种中庸之道，那么这种中庸之道只能令人厌恶。当然，从孔子所创的儒学来说，他必定是要歧视女性的，因为儒家以孝治天下，在家庭中，规定"父为子纲"，以父为尊，兄弟之间讲究"悌"，即弟弟尊重兄长，就是不给女性留一个地位。到了宋代理学家那里，妇女甚至变成了"在家从父，出嫁从夫，夫死从子"的家庭奴隶。两千多年前的古代社会，都是这样歧视妇女的，而且越到后来越为严重。从理论上说，始作俑者是孔子，因此后人批评他，实在是很正确并且很合乎情理的。五四时期，新文化运动的主将们如陈独秀、胡适、李大钊、鲁迅，他们都激烈地批判过儒家思想，孔子歧视妇女的这一句名言尤其不能令人容忍，鲁迅先生曾经愤怒地说，孔子认为女人和小人难养，不知道包括不包括他的母亲？激愤之情溢于言表。

但是，名言之为名言，并不决定于其内容观点是否正确，而决定于它是否包含了社会的真实和许多人的认同。这一句就包含了古代社会的真实本质，社会中也有许多人实际上在认同它，因之也传播下来。

当然在今天，歧视妇女的遗风还是存在的，许多人嘴上不说，心里还是认同孔子这一谬论的。那么我们在作文中使用这一句话的时候，意在概括歧视妇女的错误，并指出它的思想根源，并由此表达我们不认同的态度，这是不能混淆的。

小人穷斯滥矣

君子固穷，小人穷斯滥矣。

《论语·卫灵公》

可解释为："君子遭逢困境也能坚守其人格操守，小人一处穷途就会为非作歹了。"

这是孔子遭逢困境时说的一句话。《论语·卫灵公》篇记载，孔子到了卫国，卫灵公询问用兵打仗的事，孔子回答说："俎豆之事，则尝闻之矣；军旅之事，未之学也。"意思是说："若是祭祀行礼的事，我曾听说过；用兵打仗的事，从来没学过。"这回答是很不客气的。因卫灵公本是个无道之君，又热衷于战争，孔子不满意他，第二天就离开了卫国。可是到了陈地，又被乡野之人围困，粮食吃没了，跟随的学生们都生了病，起不来床，真是走入了穷途困境。孔子的学生子路性直好勇，见到孔子很恼火地说："君子也有陷入穷途困境的时候吗？"孔子说："君子固穷，小人穷斯滥矣。"

是的，人的一生总难免有顺境、有逆境，而且顺逆两境相比较，恐怕顺境只占一小半，逆境要占一大半。这是因为人要做事情就会遇到困难，事做得越大困难挫折越多，除非无所事事，否则难逃逆境之苦。那么，在作文中谈到人处逆境之中甚至遭遇困境之时，该怎么办？当然是努力改变；但这改变的对象应是逆境和困境，而不是人的处世原则和人格操守，否则君子就变成了小人。古今中外那些为人类做出贡献的伟人，哪一个曾是一帆风顺而成功的呢？哪一个不曾在穷困、穷途中坚忍不拔、视自己的人生理想为生命的呢？这样的人，无论成功与失败，都是人类历史上大写的人。即便是我们这些平凡的人，做不成大事业，也该有"君子固穷"的人格操守。富足之时，不义之财不可取；穷困之时，不义之财就可取吗？须知"君子固穷"的精神堤岸一旦崩溃，自尊的人格将一去不复返。

谈及那些小人则与此相反。身处顺境时意气扬扬，唯我独尊，一入穷途，立刻成了毫无人格尊严的下三烂。只要能救穷，骗也可，偷也可，乃至杀人越货，祸乱一方，不到彻底灭亡不撒手。这样的人和事我们听得见得多了。

知者不失人，亦不失言

可与言而不与之言，失人；不可与言而与之言，失言。知者不失人，亦不失言。

《论语·卫灵公》

孔子这句话可解释为："应该和他谈论交往的却没有和他谈论交往，就会失去朋友；不应该和他谈论交往的却和他谈论交往，这叫说话不谨慎不明智。有智慧的人能做到既不失去朋友也不说不该说的话。"

孔子在这里说的仿佛是交友之道，其实说的是人贵有自知之明和识人之明。

只有有自知之明的人才能在人海茫茫中寻找到志同道合的朋友。志同道合者不能一眼看出，得用语言来交往；志同道合者未必和自己性格爱好相通、意见完全一致，得用心灵来碰撞，这叫识人之明。既有自知之明又有识人之明，因此"知者不失人"。同理，物以类聚，人以群分，有自知之明的人听其言观其行，即可分辨出哪些人与自己志不同道不合。不是一路人，哪有共同语言？即便是他的性格、爱好、某些意见看法为自己喜欢认可，也慎言慎交，敬而远之，因此君子也不失言。

与智者相对的愚者却不能做到这样。明明是志同道合的朋友，他看不出；或一言不合，从此视为路人，或以貌取人，从此便看不起，如此，纵然天下遍布朋友，他也得不到一个。相反，明明不是志同道合的朋友，却因其性格、爱好、某些意见乃至衣饰与自己有某种相合处，就引为同道，结果因交友不慎自食恶果。或者明知对方与自己志不同道不合，也多方敷衍，或试图改变对方，其实说了多少，也等于对牛弹琴。这叫作既失人又失言，病在无识人之明，根在无自知之明。

明白了孔夫子这句名言的内涵，我们可用在作文中来表明人要有自知之明和识人之明。圣人哲言，力透纸背，穿越千古。我们还是恐怕知其然不知其所以然，因为做到不失人不失言真的很难。

君子有三变

君子有三变：望之俨然，即之也温，听其言也厉。

《论语·子张》

这句话是孔子弟子子夏说的。俨然，相貌端庄之意。温，神色温和之意。厉，言辞准确之意。这句话可译为："君子有三样变化：远望相貌端重，与之接触就会感到亲切温和，听他讲话觉得深刻警策。"

当然，君子的三变也不是有意为之，故意变化让人敬佩，而是道德修养高深、学问深不可测的自然表现。的确，我们在生活中也有幸可以见到这样的君子，比如一些很有学问、很有境界的人，我们没接触他的时候，感觉他那么了不起，望之俨然；可是一接触他，就会感到如沐春风，在大学问家和尊敬的师长的平易近人中无拘无束；然而恭听如此可亲近的人的讲话，他的思想又是那么深刻，他的语言又是那么警策。我们能够感觉到这些，只是说不出来，子夏跟随孔子学习，不仅能感受，而且准确地描绘出孔子的人格形象，真让人佩服。

对比一下不够君子境界的人，或是俨然而不温和，或是温和而不深刻，或只是俨然而不温和更不深刻，那就成了装相唬人了，都不值得称道。

那么这句名言显然可用于对理想的人格形象，及其内涵的追求和赞赏。

君子不以言举人

君子不以言举人，不以人废言。

《论语·卫灵公》

这句话是孔子说的，意为："君子不因为言语中听就推举一个人，也不因为对一个人印象不好就排斥他的正确意见。"

儒家提倡入世，而入世先须知人。如何做到有知人之明，从来是一大难题。孔子的简便而又有效的做法是"听其言观其行"，在言行统一中考察一个人。但事情还是不简单，因为判断一个人，总离不开主观的因素，如个人的好恶、外在因素的影响等等，很容易干扰我们的判断，或因人废言，或因言废人，弄不好，言行统一的识人原则就被架空。由此孔子又提出观察、判断他人的又一原则："君子不以言举人，不以人废言。"这是把人的言和行区别开来对待。你可以喜欢一个人的言辞，但并不等于这个人就可用；你可以不喜欢某个人，但不能因此否认他的思想观点的正确。能做到这一点，可谓既知人又知言；能做到既知人又知言，那非得遇事出以公心，且有自知之明不可。

战国时有个叫祁黄羊的人就是这样的智者。晋平公请他推荐一个人任南阳令，他说："解狐可以胜任。"晋平公说："解狐不是你的仇人吗？"他说："王问谁可胜任南阳令一职，并未问谁是我的仇人。"不久，晋平公又请他推荐一个人任都尉，他说："祁午可以胜任。"晋平公说："祁午不是你的儿子吗？"他说："王问我谁能胜任都尉一职，并未问谁是我的儿子。"于是，一国上下都盛赞祁黄羊是善识人者，他的故事也流传至今（见《吕氏春秋·孟春季第一·去私》）。

君子与小人

> 形相虽恶而心术善，无害为君子也；形相虽善而心术恶，无害为小人也。
>
> 《荀子·非相》

形相：人的容貌、体态。心术：心地，思想方法。此句可译为："长相不美但心地正直善良，不妨碍成为君子；长相漂亮但心地不善，不妨碍成为小人。"

这里实际是讲了一个外在美和心灵美的关系问题。每一个人都希望有美好的容貌、体态，每一个人都欣赏美好的容貌、体态，但是，外在美和心灵美相比哪个重要？显然是后者。只追求外在美而轻视心灵美，至少是一个浅薄的人，如古希腊哲学家德谟克利特所云："缺少心灵美的外在美，只是动物的美。"只追求外在美轻视心灵美，很容易坏了德行，既祸人又祸己，这才是最紧要的事。《三国演义》中的吕布相貌堂堂，武艺高强，可是人格操守极差，结果古人瞧他不起，今人也不赞赏他。据说卖国贼大汉奸汪精卫也是风度翩翩，并且很有文采诗才，可是在民族危亡关头，他为了一己之私公然认贼作父，留下千古骂名，美貌有什么用？

当然，强调心灵美的重要，并不是说外在美可有可无。一个人既有美好的心灵，又有美好的容貌，不是更好吗？每个人都重视自己的形象美，那是自信的表现；如果人们都只追求心灵美而忽视外在美，这样的心灵大概也是有缺陷的，因为爱美是人的天性啊，因此心灵美的人一定也注重外在美的。当然，外在美主要由遗传来决定，大多数的人的容貌、体态都是不尽完美的，那么修饰自己，甚至去专业美容，也是无可厚非的。我们从来缺少的是美而不是丑，我们愿天下的人都有一颗美好的心灵，都有一个美好的容貌。

治国理政

吏者，民之役

凡吏于土者，若知其职乎？盖民之役，非以役民而已也。

柳宗元《送薛存义之任序》

"当官不为民做主，不如回家卖红薯"这一戏曲经典唱词，不仅是老百姓喜闻乐见的内容，也是古代士大夫们思考如何做好官的一种内心写照。柳宗元在《送薛存义之任序》中就写道：你知道地方官的职责吗？他们应该是人民的奴仆，而不是奴役人民。

这篇序文是柳宗元在遭贬后任地方官时为即将离任的薛存义所写的。他称赞薛存义在任职期间的勤勤恳恳，同时，他也对地方官的职责，地方官与百姓的关系作了深刻阐述，实际上是体现了他的民本思想。的确，官的本来含义是由人民选出而来管理公共事物，他所享用的俸禄实际上是民众给予他的报酬，二者是被雇佣人与雇主的关系，所以为官者要为民服务，为民负责。

然而历史上有太多的贪官、佞臣、酷吏，他们残酷地压榨人民，官逼民反也自然是在情理之中的事，最终这些罪人被钉在历史的耻辱柱上。究其根源，就是政治专制的温床，使人类历史产生了那么多罪恶。

以史为鉴，我们可以这样呼吁，当官的不仅要为民做主，还必须"由民做主"；以史明志，我们一定要清醒地认识到：做官就是为人民服务，就是要勤政爱民。

务民之义

> 务民之义，敬鬼神而远之，可谓知矣。
>
> 《论语·雍也》

务：教育、引导。知：通智，明智。这句话的意思是：当政者要多替人民着想，为人民办事，对鬼神要敬而远之，这样做就叫作明智。

孔子一生重视人事，重视人与人之间关系的和谐和百姓安居乐业。为实现这一政治理想，他周游列国，八方游说，虽四处碰壁，仍然"知其不可为而为之"。如此重视人事，必然"子不语怪、力、乱、神"，虽不否定鬼神的存在，但绝不佞信鬼神，于是提倡"敬鬼神而远之"。因为重视人事，孔子也不研究死亡之类的事。他对学生说："未能事人，焉能事鬼？""未知生，焉知死？"

这句话用在作文中，如果引用全句，可表达自己的政治思想，也可表达对当政者的评价。从肯定方面说，是赞扬为政者以民为本，给老百姓做好事、做实事；从否定方面说，是批评当政者不务实事，心中没有百姓的愚蠢。比如当今社会的一些领导干部，只为了自己保官升官，弄出许多劳民伤财的所谓"政绩"；一些贪官疯狂敛财，心中有鬼，于是佞信鬼神，希望鬼神保佑他躲过法律的惩处……凡此种种，都可用孔子这句话正告之，批评之，讽刺之。

当然，这句话也可截取来用。如说"敬鬼神而远之，可谓知矣"，就是表达一种脚踏实地、不务玄虚的人生态度。

民可使由之

民可使由之，不可使知之。

《论语·泰伯》

使由之，即使之由，意思是让他们随着走。因此这句话就可以译为："老百姓，可以使他们在我们指引的道路上走，不可以使他们知道为什么这么走。"

孔子的许多名言都令人惊赞，不得不佩服他的深刻和丰富；这一句也是名言，我们却必须持批判的态度，因为他在宣扬一种彻底的愚民政策。

孔子一生生活并不富裕，他实际并不是统治者，但他一直把自己视为统治阶级的一员。从统治阶级的立场出发，他认为老百姓无知无识，必须向统治者俯首帖耳才行，否则就容易出乱子。怎样做到使百姓俯首帖耳呢？最好的办法就是愚民，让老百姓乖乖地跟着统治者走，却不要让他们知道为什么跟着走。这是对真正的历史主人的公然蔑视。

同样是统治者的唐代的魏徵和李世民，就比孔子清醒多了。他们提出"水可载舟，亦可覆舟"的名言，就是明白了老百姓的力量。所谓民以食为天，官以民为本，失去民本，任何强大的统治者都难逃覆灭的下场。但即便是他们，也只是看到了民众的威力，惧怕这威力，并不是真心尊重人民。在把老百姓当作统治的对象这一问题上，他们和孔子是相通的。因此说，我国两千多年的封建史中，老百姓从来没有得到人的地位。当写有关揭露阶级社会本质的作文时，可用"民可使由之，不可使知之"说明凡是轻视人民、搞专制的统治者，必然愚民；愚民的方法一定是"民可使由之，不可使知之"，我们必须批判它。

民无信不立

民无信不立。

《论语·颜渊》

意思是说老百姓对统治者失去信任，其政权就要失之了。

这是孔子的学生子贡向孔子请教如何治理国家时，孔子向他传授的治国之道。即"足食。足兵。民信立矣"。"民无信不立"。"足食"是百姓生存的根本，试想，人们无饭吃，面临着饥饿而死，还能谈别的吗？"足兵"是国家安全的保障，是政权的盾牌，是百姓安居乐业的条件。"民信"是每个统治者都必须重视的，它是政权的根基，有古训"水能载舟，亦能覆舟"，这是对两千多年中国历朝历代政权更替原因的精辟总结。可见，民心不可违，民信不可无。

"民无信不立"这句话在作文中如何应用呢？首先，此话用在大处是维护统治政权的根本，历代统治者的灭亡都是失去民心民信，老百姓衣食无着，生存受到威胁，对统治者失去信心，最后不得不揭竿而起，造反找生路，统治者要维护自己的政权，就要为百姓着想，解决百姓衣食，并取得百姓的信任和支持。其次，我们都是社会中的一分子，干什么都离不开人，与人交往，也要讲究"信"，对人讲诚信，不论对家人、朋友、同事，都要讲究一个"信"字，取信于人，才能做好事情。还有，在当前的市场经济环境中，经济秩序不是很规范，有些生意人不讲信誉，用假冒伪劣产品骗人，这样行骗只能是一时的，最终是搬起石头砸自己的脚，失信于人，被告发，被工商部门处罚，甚至触犯刑律，被绳之以法。

总之，"民无信不立"，应成为每个人做人的座右铭，特别是各级领导，更应以史为鉴，取信于民，做好自己应做的事。

赏罚惩劝

为赏罚者非他，所以惩劝者也。

柳宗元《断刑论》

这句话源自柳宗元刑罚奖赏方面的著作中，他全面阐述了赏罚制度的作用和意义，反对当时的"春夏行赏、秋冬行罚"的应天道而行的荒谬做法。其本义为："（圣明的君主）定下赏罚制度，不是为别的，是用来惩戒和劝勉人们的。"

柳宗元的刑罚论观点是配合儒家的仁德之说实行的。他认为奖赏一定迅速及时，然后才有劝勉的作用；惩罚务必果断认真，才能有惩戒的效果。他认为教化的作用比刑罚更为行之有效。

犯罪是人类社会的痼疾，行善是人类社会的美德，二者水火不容，如何能够鼓励人们及时行善，警示人们远离罪恶，柳宗元在这里给我们提出了一种很有借鉴的方法。按照他的观点，刑罚和奖赏的作用是相同的，是劝人向善的两种不同方法，但殊途同归。我们从他的言论中也可以提出如下观点：

其一，我国新时期应大力加强法治建设，增强执法力度和提高执法人员的素质。

其二，我国应逐步建立和完善社会奖励制度。

一言而兴邦

一言而兴邦，一言而丧邦。

《论语·子路》

解为："一句话可以使国家兴旺；一句话可以使国家灭亡。"

这本是春秋时期的鲁定公的疑问。他问孔子："一句话可以使国家兴旺，有这个道理吗？"孔子回答："这样的说法不完全正确。人们曾有这样的说法：'做国君很难，当臣子也不容易。'假如国君明白当国君的艰难，由此恪尽职守，无一事敢疏忽，这样做就几乎是一言而兴邦了。"定公又问："一句话就可以使国家灭亡，有这个道理吗？"孔子回答："这样的说法不完全正确。没听说有的国君这样说吗：'我不认为当国君是快乐的事，但我知道一言可以丧邦的道理，决不能违背这句话。'假如别人的进言是善的，我接受下来，我不也就是善的吗？假如别人的进言是不善的，我却接受下来，这几乎不就是一言丧邦吗？"

孔子在这里仍然在强调治理好国家，当政者说的话关系重大，起什么样的表率作用关系重大。那么，我们在使用这句古语时，完全可以用它的本来意义，但也可以降格使用，即凡是面临较重大的决定和选择时，为了强调这选择和决定的关系重大，就可以以此警示和感叹："一言而兴邦，一言而丧邦"啊！这里的"邦"，就不是专指国家的意思了。

天时地利

天时不如地利，地利不如人和。

《孟子·公孙丑下》

孟子提倡仁政，不主张诉诸武力，但也并不反对正义的战争。

战争的胜负要受很多因素的影响。孟子的观点是：天时不如地利，地利不如人和。意即：在战争中，占有好的天时条件不如具有优越的地理条件，具有优越的地理条件又比不上人和的条件；也就是强调指出，人和是战争胜负最重要的决定因素。如果孤立地、仅从表面上看，这里的"人和"是人团结一致的意思，实际孟子的本意应是指民心的归向，也就是说"人和"首先应是政治意义上的。

孟子生活的时代，各诸侯国之间的竞争十分激烈，包括政治、军事、外交各方面。在孟子的观念里，这些方面，政治上是否实行王道是决定一个国家能否在竞争中立于不败之地，一个国君能否得到人民拥护、维持统治的关键。统治者实行王道，然后民心必然归向于他，形成一种凝聚力，在战争中自会众志成城，战无不胜。

通常，人们理解"天时不如地利，地利不如人和"，与孟子的原意有一段距离。但这距离也恰恰表明了"天时不如地利，地利不如人和"在今天更广泛的适用性。

在写关于政治题材的作文时，可以直接用孟子的原意来说明国家的兴盛、政权的巩固，取决于掌权者实行有利于黎民百姓的措施，达到众望所归，因为人民的力量是不可小觑的，如水能载舟，也能覆舟；在写有关军事题材的作文时，可以用它来说明战争中争取各种优越的自然条件固然重要，但更重要的是战争的集体成员为夺取战争的胜利团结一致，万众一心；在写有关群体竞争内容的作文时，可以用它做论点，指明一个团体能否在竞争中获胜，与各个参与者是否具有群体意识和能否发挥团队精神有直接关系，离心离德、各自为政的涣散集体必败无疑；在写有关经营管理内容的作文时，可以用它来说明一个高明的经营管理者或者一个成功的单位、企业，好的客观条件只是一方面，最重要的是全体成员能够同心同德，目标一致。

枉己与直人

枉己者，未有能直人者也。

《孟子·滕文公下》

孟子是一个非常讲原则的人，尤其是讲要用王道主义治国和平天下，要使儒家的仁政礼义大行于世。如他有一个叫陈代的弟子，对他早年出游时期不肯觐见诸侯很是不理解，认为他这样是器量小，因小而失大；要是他能明白像"弯曲一尺而伸展八尺"的道理，不惜受点儿小委屈去觐见他们，收效大的，可以使他们实行王道仁政统一天下，收效小的，可以帮助他们称霸于世。孟子对陈代的这番言论却深不以为然，认为士人当首先正身正己，不能委曲求仕。孟子还举例加以说明。一个例子是：过去齐景公用旌去召唤一个虞人（管理天子或诸侯苑囿猎场的小官吏），这个虞人却没有去。因为按照礼法，君王召唤不同身份的官员需用不同的信物为凭，召唤大夫用旌，召唤士用弓，召唤虞人当用皮帽子。那虞人认为景公没有以礼法召唤他，所以没有遵命前去。即使齐景公想杀了他，他也不畏惧。另一个例子是：从前晋国赵简子命令其驾车能手王良为其宠幸的小臣奚驾车出猎。开始一天，王良按照正法为奚驾车，可奚一只鸟也没打到，奚就向赵简子说王良的车技太差；在王良的一再恳求下，第二天，王良又去给奚驾车，这一次他没有按照正法去驾车，结果奚一天竟然打到了十只鸟。奚很高兴，向赵简子请求把王良赐给自己，王良却不同意。因为他了解到打到鸟与否，并不是自己驾车技术的问题，而是奚习惯不按规矩办事。王良声明自己即使获得再多的猎物，也不肯为小人驾车。孟子讲完两个故事后，指出陈代的错误是不懂得"枉己者，未有能直人者也"，意思是：自身不行正道的人，是不能匡正他人的。

在孟子生活的时代，要想实现王道的理想，必须谒见诸侯，但是谒见诸侯是有原则的。由于孟子坚持王道仁政的原则，不肯不按这样的原则见诸侯，所以得不到任用，无法实现自己的理想；如果肯谒见诸侯，虽然可以得到任用，可总要违背这个原则。面对这样的尴尬，孟子反对屈曲一尺而伸长八尺的做法，始终坚持原则不肯妥协屈就。

孟子坚持原则的精神具有深刻的教育和启示作用，特别是对于领导干部、老师、家长等对一定范围的人群有一定的示范意义的角色，告知在是非问题上必须坚持原则不让步。否则，太随心所欲，示范的效果就会大打折扣，所谓"枉己者，未有能直人者也"，不能称职地完成角色所应承担的责任，甚至走向另一个极端。

在讨论政治统治兴衰、社会国家治乱的作文时，用"枉己者，未有能直人者也"说明统治者或国家领导集团如果不坚持一贯的原则，率性而为可能造成的离心后果。

在讨论各机关组织、企事业单位领导的工作作风、办事效率及领导艺术的作文中，用"枉己者，未有能直人者也"，指明这些机关单位的领导，如果不能充分发挥其先锋榜样的作用，不能以身作则，大摆官僚作风，随意践踏组织、行业、部门规范和道德，那么就会威信扫地，在群众下级那里失去核心的力量。

民为贵

民为贵，社稷次之，君为轻。

《孟子·尽心下》

民本思想是孟子主要的政治思想。尽管受阶级地位的局限，孟子不可能认识到"人民是推动社会历史发展的动力"，但曲折的政治经历和实践，使他深刻地感觉到了人民的巨大力量，体会和觉察到地主阶级要想巩固政权就必须依靠广大人民群众的力量。在此基础上，孟子就君和民的关系提出了"民为贵，社稷次之，君为轻"的著名观点。它的意思是：百姓最重要，土神谷神其次，国君最轻。在孟子这里，人民排在第一位，象征国家政权的土谷之神排在第二位，而国君则排在最后。那么是否在孟子的意识里，民比君高贵呢？不是。孟子的意思是说，在国家政治中人民所起的作用比君重要，这是因为：国君如果不利于国家政治统治，就可以将他废弃而另立他人，社稷如果不能保佑人间不受水旱灾害，就可以不去祭祀它而另立土谷之神，可人民却是无法更换的，没有可替代的东西。这样，对于成功的政治统治而言，得到人民的拥护是关键。

孟子的民本思想尽管主观上是从其地主阶级的立场出发，最终也是为维持和巩固地主阶级的统治服务，但他清醒地认识到了人民和政权之间的某种必然联系，统治阶级和被统治阶级之间存在的必将激化的矛盾，这是难能可贵的，而其提出的"民为贵，社稷次之，君为轻"，则更堪称是惊世骇俗之论，对后世许多具有民主思想的政治家、思想家产生了深刻影响。如近代思想家严复就曾经说过"孟子曰：民为贵，社稷次之，君为轻。此古今之通义也"的话来阐述资产阶级民主主义；而著名的资产阶级革命家陈天华则说过"中国自古以来，被那些君臣大义的邪说所误。任凭什么昏君，把百姓害到什么尽头，做百姓的总不能出来说句话。不知孟夫子说过：'民为贵，社稷次之，君为轻。'君若是不好，百姓可另立一个"。

我们在谈论古今政治之道时，可像以上例子引用"民为贵，社稷次之，君为轻"，来说明人民在国家政治活动中的主体地位及其在社会历史进程中所起的决定作用，同时举一些正反的事例予以证实；或者引用"民为贵，社稷次之，君为轻"作为向现今资本主义国家元首、政府首脑的进言，告诉他们人民永远应该是第一位的，优越的国家政治应该是从人民利益出发的政治，而不是少数人的政治，如林肯提出的民主、民治、民享就是经典的孟子"民贵君轻"的翻版；也可引用"民为贵，社稷次之，君为轻"向国家、机关、企事业单位的领导强调要重视人民群众的智慧、力量和意愿，否则，任何集团都将走向覆灭衰颓，任何集团的领导权力都将走向瓦解。

为政以德

为政以德，譬如北辰，居其所而众星拱之。

道之以政，齐之以刑，民免而无耻；道之以德，齐之以礼，有耻且格。

《论语·为政》

这两段话都是谈治国以礼、为政以德的道理的。

"为政以德，譬如北辰，居其所而众星拱之"。北辰即北极星，古人认为它是宇宙的中心枢纽。共，朝向、拱卫之意。这段话可译为："以德治理国家，就好像北极星处于它的位置不动，天上的星星四面环绕并朝向它一样。"

春秋时代，天下混乱不堪，而诸子百家蜂起，都想拿出治国安民的方略，比如道家倡导回归自然，法家倡导严刑峻法，墨家反对战争提倡"兼爱"，等等。儒家则提倡仁和礼，认为得民心者得天下；若想得民心，必须"治国以礼，为政以德"，用道德征服人、感化人。打个比方，"譬如北辰，居其所众星拱之"，抓住这个关键，就可以做到无为而治。在春秋乱世各诸侯国都崇尚武力征伐以扩张势力或保全自身的大趋势中，孔子的这一治国安民方略显得不切实际，因此他周游列国屡碰钉子，但是他的为政以德的思想仍然是深刻的，并在后来大行其道。

最可贵的是孔子对"法治"和"德治"的关系有着独特的见解："道之以政，齐之以刑，民免而无耻；道之以德，齐之以礼，有耻且格。"道：引导的意思。齐：约束之意。格：至、到之义。这段话可以解释为："用政令引导，用刑罚约束，老百姓不敢作恶但仍存有为恶之心；用道德引导，用礼义约束，老百姓就会以犯罪为耻并且达到善的境地。"

这段话仍在强调德治的根本性作用，同时贬低了法治的作用。孔子的这个观点我们很难无条件地赞同，但我们必须承认，他的思想仍然是深刻的，乃至于对当代中国也大有裨益。

因此，我们在论述法治和德治的关系的时候，就可用孔子的这两句名言表达我们的观点。当然，孔子只重德治而轻视法治的思想偏颇是需要指出的。

治世与便国

治世不一道，便国不必法古。

《商君书·更法》

这样一句有魄力有真知灼见的话，是出自一位改革家、变法者之口，他就是大名鼎鼎的商鞅。意为："治理国家的方式不只一个，只要有利于国家就可以不必效法古人。"商鞅生活的战国后期风云变幻，各诸侯国为自身发展壮大，都在千方百计想办法，秦孝公欲采用商鞅的办法，朝中的一些大臣如甘龙、杜挚等与商鞅对此进行论辩，商鞅据理力争，说出这句话，指出世变时移，治理国家的方式、法律制度的制定，都应该依现实情况而定，而不应拘泥于前人的做法，只有这样才能使国家强盛。

商鞅的这句话有极重的分量。漫长的中国古代社会中，效法先王、墨守成规几乎成为一种最普遍、最省力的治世之道。只有少数像商鞅这样的有识之士，不仅敢于在言论上提出变法的主张，而且在行动上切实地实行。然而变法者的结局大都并不乐观，就像商鞅这位奠定秦王朝帝业之基的功臣，最终也落个五马分尸的悲惨结局。这样悲惨的下场越发让后人佩服商鞅的胆识、气魄，商鞅的这句话所揭示的治国之理也更为发人深省。诚如其言，时代不断向前发展，新情况新问题会不断出现，旧有的制度、措施必定不能适应新的需要，故而要不断地调整，而历来的变法都是较大规模的调整。这句话虽发自于一位封建改革者的口中，却具有普遍的意义，对于我们建设国家仍有所启发。

改革，对于推动国家发展的巨大作用是有目共睹的，它的脚步在今天依旧在继续，在谈及改革这一话题时，这句话不失为有力的理论论据，只要稍加引发，就可用于大大小小的改革的话题中，用以阐明改革的必要性。其实这类题目的范围还是很广的，如国企改革，人才机制的改革，教育体制的改革，等等，都包含于其中。同时，在谈论从实际出发这类论点的文章中，它也可以作为其中的论据。

天下非一人之天下

> 天下非一人之天下也，天下之天下也。

《吕氏春秋·贵公》

　　这句话透露出了那个时代思想观念的转变。如它所言"天下不是一个人的天下，天下是全天下人的天下"。宣扬的是君主要以公正之心对待天下百姓，不能认为天下是自己一个人所有，而为所欲为。而要从天下百姓的利益出发，这样才能得到天下人的拥护，才能拥有天下。这样一个治国的道理，突出强调的是人民的力量，体现了一种尊重人的观念。大家都知道，《吕氏春秋》是战国后期秦国丞相吕不韦组织门客编写的，这句话也是针对现实而说出的。因为当时秦国在极力加强君主专制集权，在当时历史看来是一种必然趋势，但也表现出一些弊端，所以《吕氏春秋》针对这一现象而有所披露。这句话是非常具有进步意义的，虽然当时的作者不可能达到后人那种民主的思想高度，但却多多少少流露出一点儿这种思想的萌芽，以致到了明末清初的时候一些进步的启蒙思想家加以借鉴，用它来反对君主专制统治。应该说这样一句话能出现在两千多年前，封建制度正在形成的时期，是非常难得的。它所蕴含的民主思想，即便到今天仍有现实意义。其实，这句话用在今天我们这个时代，同样一点儿也不失色，而且从这句话中我们能得到重要的启迪：天下是我们大家的，我们有责任把它建设得更好。

这句话非常适用于倡导民主、反对专政的主题之中，它会是一个简洁、有力的好论据。自然它也可以出现在谈论言论自由、提倡广开言路的题目中，因为如它所言，每个人都是天下的主人，也就有资格对天下事发表自己的意见。同时，这句话也可以出现在谈论以天下为己任这一类的题目之中，以强调我们对于国家、社会的责任感。

防民之口

防民之口，甚于防川。

《国语·周语》

这句话以其深刻、形象给人留下了难忘的印象。周厉王暴虐无道，百姓纷纷指责他的过失。厉王派人监视国人，并把指责他的人杀掉，以致百姓在路上遇见了不敢说话，只能用眼神相互暗示。邵公于是在进谏时说了这句话"堵塞老百姓的嘴巴，比堵塞江河的后果还要严重"。邵公在自己的话中，用了形象的比喻和鲜明的对比来阐述道理，百姓的怨言似滔滔河水，应以疏导的方式来加以解决，而堵塞它必然会导致聚积成洪，终有一日会破堤而出，不可收拾。同时堵塞言路，使人们积怨成灾的后果又要远比洪水决堤对国家的影响要更大、更严重，因为它会导致一个王朝的覆灭。

邵公的这句话，实是古代社会中有识之士的共识，他们看到了人民对于国家社稷的重要性，重视人民的力量，时常会告诫君主把百姓放在心上。而落实到行动上的一种表现就是广开言路，多听一听百姓的心声、人民的意见。古人的话类似的很多，且大都形象生动，如《吕氏春秋·达都》"治川者，决之使导，治民者，决之使言"。这些话所强调的言论自由，居上者应多听取群众的意见，等等，对于今天的时代仍有现实意义。今天的我们生活于一个自由平等的时代，对领导干部而言，多听取意见，广开言路，无疑是正确的工作方法。

《国语》中的这句话，在今天的作文之中，依旧可以用来表明阻塞言路的巨大危害，从而提出倡导言论自由的主题。在论及领导干部的工作作风时，也可以用它引出要广泛听取群众意见的论点。

法定之后

> 法定之后，中程者赏，缺绳者诛。尊贵者不轻其罚，而卑贱者不重其刑。
>
> 刘安《淮南子·主术训》

这句话出自刘安所著《淮南子·主术训》，它的意思是"法律确定之后，符合法规的给予赏赐，破坏法规的要给予惩罚。

尊贵的人不使他的惩罚减轻，而卑贱的人也不能加重他的刑罚"。作为西汉王室成员的刘安在此强调了法律的严明、公正，认为在法律的面前没有尊贵卑贱，人人都是平等的。两千多年前的人能有如此的认识，是非常难能可贵的。《淮南子》一书完成于西汉王朝尚未独尊儒术之时，当时黄老学说盛行，主张大道博采众家之长，它作为道家的代表作，实是融合了诸子百家的学说，从这句话中所强调的严明法纪、以法治国的主张中，我们隐约看到了法家的思想。

法律作为天下人行为的准绳，公正、严明是它最重要的原则，然而漫长的封建社会中，时常会有徇私枉法的昏官，会有不受法律约束的权贵，于是也就产生了不少经过人民加工后的清官形象，实际上是人民对法律公正的向往的体现。当然也不时会有有识之士站出来呼吁一下法律的公正严明，《淮南子》中的这句话就是一例。两千多年之后，当我们再读这句话时，我们不得不承认，它依旧是合理的、正确的，依旧对今天的执法者、为官者有着重要的教育意义，提醒着这些人严明执法，公正无私。

今天的社会是个大力宣传法律意识的社会，在诸如谈法、论执法严明、论法律面前人人平等题目中，这句话都可以用作论点或论据。在批评违法乱纪、徇私枉法的文章中，它也是有力的论据。总之，这是一句颇具现实意义的话，仍能应用于今天涉及法律公正、严明这一主题的文章中。

知吏利民

知为吏者，奉法而利民；不知为吏者，枉法以侵民。

刘向《说苑·政理》

这句话意为：知道如何做官的人，奉公守法做对人民有利的事情；不知道如何做官的人，贪赃枉法侵害百姓的利益。这是身为统治阶级的刘向对为官者应尽职责的认识。

有史以来，做官一直是中国人最大的人生追求。如果一个人在某些方面做得好，比如孝顺父母、亲爱兄弟、和睦乡邻、学习刻苦，那么就会得到做官升迁的机会。儒家讲修身齐家治国平天下，一切的旨归都在于做官。对于做官的行为本身，我们不能贸然给予是好是坏的评价，但我们却有权对官做得好不好进行评说。从古至今，无数的清官廉吏奉公守法、无私无畏，上谏君王、下抚百姓，为了百姓的利益不惜牺牲自己的前途和性命，遵从了为官之道，受到了人民的爱戴。但有些官员却不同，他们没有把做官当成为国家和人民做贡献的一个途径，而是看成为自己和家人聚敛财富的大好时机，在搜刮民脂民膏的时候，他们表现出超常的"智慧"和"精明"，可谓"夺泥燕口，削铁针头，刮金佛面细搜求"。百姓在这样的官员手下，受尽盘剥，怨声载道。刘向作为王族成员，从维护封建统治的利益出发，强调为官之道，虽有其历史局限性，但也值得我们学习、借鉴。

这句话可以用在讨论为官之道和治国安邦的作文中。现实
社会中，也有一些官员贪赃枉法、腐败堕落。这些人也许在一
定的时间内春风得意，但是天网恢恢，侵害人民利益的官员终
究会受到惩罚。这句话无疑是对他们的忠告。

好战必亡

国虽大，好战必亡；天下虽安，忘战必危。

《司马法·仁本》

《司马法》是中国古代的兵书。《史记》记载，战国时齐威
王命大夫整理古司马法而把穰苴兵法附其中，定名为《司马穰
苴兵法》。隋唐史书中因此误认为作者是司马穰苴，其实其作者
不详。此书现仅存五篇，《仁本》为其中之一，此句很好地体现
了篇名的意思。其意为：国家即便强大，如果好战也一定会灭
亡；天下即便安宁，如果忘记备战，也必然会有危险。古人的
话深刻、警醒，简练地概括了战争对于一国一邦的重要意义，
相信今天的我们，读后也会为之叹服。

这句话的前半句反映的是一种慎战的思想，这种思想时时
体现在中国的古代兵书中，诚如这些作者所言，战争是关系国
家安危、人民生死的大事，不能有一点儿马虎、轻率。它其实
是在告诫统治者，不要轻易发动战争，以免劳民伤财，而好战

的结果必然是导致国家局势不稳，甚至灭亡。这句话的后半句强调的是军事上的居安思危思想，即任何时候都不能忘记备战，因为矛盾是普遍存在的，我们不好战，不去打别人，却无法保证别人不来侵犯我们的利益，不来打我们，所以时刻不忘备战，是一个国家强大的保证。这句话虽出自古人之口，对于今天的我们非常有警示意义。

在写作中，如果我们要来批评、警告那些好战分子，不要四处挑衅，发动战争，我们就可以引出这句话的前半句；如果我们要阐述加强国防的重要性，我们就可以引出后半句。如果我们遇到了谈论战争的话题，这句话就可以作为论点，全面地揭示战争与国家的关系。

治国之本在于积德

> 求木之长者，必固其根本；欲流之远者，必浚其泉源；思国之安者，必积其德义。

魏徵《谏太宗十思疏》

这样一段有关安邦定国的话一看就是出自一位贤臣之口，而这位贤臣就是中国历史上大名鼎鼎的敢于直谏之臣——魏徵。提起魏徵，自然会想到唐太宗，这句话源自《谏太宗十思疏》。它是魏徵写给太宗皇帝的一篇奏章，从生活、用人等方面提出十条建议。所引文字在文章开篇之处，它的意思为："想让树木生长，必须加固它的根本；想让河流流得远，必须疏通它的源头；想让国家安定，必须多做合乎道德正义的事。"其中的"浚"读jùn，疏通之意。

魏徵在这段话中，以树木、河流做比喻，说治国安邦的根本就是多积德义。作为封建社会的明君贤相，这种认识当然是基于巩固其封建统治，有其历史局限性，但在客观上对促进社会进步有一定意义。而今天我们在看这句话时，更多的是从中悟到一种道理，做任何事情，小到个人的一点儿小事，大到安邦定国，必须把根本的部分抓好，才可能把这件事做好，而不能舍本逐末。

这句话是用日常生活中的自然现象来说明道理的，所以在作文之中更适合作为理论依据来使用。而在涉及成才、立业、建设国家等类问题时，都可以在找出根本问题之后，引用此句话，强调应立足于根本，当然在使用时更常见的还是只引出前两句来加以阐发。

上之所好，下必有甚

上之所好，下必有甚。

吴兢《贞观政要·俭约》

这句话的意思是说"君王有所喜好，臣下们必然争相加倍效仿"，是针对君主也应厉行节俭来说的。

　　勤俭节约是我国的一种传统美德，上至帝王将相，下至黎民百姓，没有人不以此来衡量自己的行为是否有悖常理。如果一个普通百姓贪图享乐，奢侈无度，那么有一天他一定会变得困苦不堪甚至家破人亡；如果一位君王喜奢靡享受，那么等待他的就很可能是官逼民反，并最终国破家亡。何以如此？

　　唐代魏徵在与唐太宗李世民的对话中给了我们一个明确的答案——上之所好，下必有甚。君王诚然也是人，也有七情六欲，但是君王与普通民众的不同之处就在于他代表着国家，他及他的臣属掌握着生杀大权，他本身的一举一动都会牵扯到百姓的生死存活。唐太宗是位明君，他深知如果不把握好自己的欲望尺度，则很有可能陷入封建王国败亡的怪圈之中。魏徵进一步援引隋炀帝贪心无厌，臣属争相效行，奢侈放纵没有限度而导致国家灭亡的事例来鼓励太宗不仅仅要效仿汉文帝不建楼台宫殿，还要节制私欲。否则，金銮殿下必然会出现一批"上求材，臣残木；上求鱼，臣千谷；上求楫而下于船"（《淮南子·说山训》）的佞臣，或早或晚地会使君王走上歧路，使国家政治变得腐败不堪。

　　所以，我们可以从魏徵的话中总结出这样的结论：身居高位的人一定要注意自己的言行。否则，自己的不良行为一定会被下级所效仿并产生坏的影响。

　　魏徵的这段话可以用来论证这样一些问题：

　　其一，我们国家的领导人应该保持良好的优良作风，杜绝腐败行为在领导层出现。

　　其二，凡是处于管理层的人，都应该以身作则，促进良好风气的形成，为下属做出榜样。

赏罚褒贬统于一

> 盖圣人之制，穷理以定赏罚，本情以正褒贬，统于一
> 而已矣。

柳宗元《驳复仇议》

柳宗元在《驳复仇议》中，反驳了陈子昂在《复仇议状》中提出的对徐元庆应"诛而后族"的矛盾观点，他认为赏和罚、褒和贬应该是统一的，所以说出了引文那句话，其含义为："原来圣人制定礼法，是彻底研究清楚一切事理，从而决定赏罚，根据人情来决定奖惩，集中在一个目的上罢了。"

柳宗元以此论调指出，如果是官吏以权谋私，以私怨杀人，而又没有遭到惩罚，受害者的亲属在呼告无门、含冤莫伸的情况下，可以复仇，而不应该受到诛戮。这种主张实际上是警示官吏，有利于民的观点。

法律与人情总是相对应而存在的，立法者与执法官都要考虑到实际情况，才能使案例得到公平的审判；拘泥于冰冷的法律条文，只会矫枉过正，过犹不及。然而在法的世界里，总有执法官的不法、不公的行为存在，如何对待这一问题，柳宗元说出了他自己的看法。

然而在现实社会，法律的约束力空前强大。无论任何人在正常的情况下，都无权凭借任何理由来擅自剥夺他人的生命，

否则即要受到法律的严惩。现实的法律就要体现公共的意志，维护社会的安定，否则，如果为了个人的私愤来行私刑，那么社会岂不大乱了吗？所以，我们可以借鉴柳宗元这句话来阐述一些现实问题并言之成文：

一、我们要建立、健全、完善各种法律制度，防止那些有法不依、执法不严的情况发生。

二、我们要保证执法队伍的纯洁性，提高执法人员的综合素质。

三、我们要依法治国，就必须惩恶扬善，依法办事，法律面前人人平等。

综上所述，柳宗元的观点可以运用到上述几种论述方面的作文中以作例证。

灭六国者，六国也

> 灭六国者，六国也，非秦也；族秦者，秦也，非天下也。
>
> 杜牧《阿房宫赋》

杜牧的《阿房宫赋》是一篇极具特色的文赋，他将史论与讲究铺陈、辞藻华丽和习惯用韵的赋体文融合起来，并在此文中提出这样一种史论观点：

"灭亡六国的是六国自己，不是秦国；灭亡秦朝的是秦朝自己，不是天下的百姓啊。"

杜牧的这种历史观点说明一个问题，就是事物的存在、发展、灭亡是有其内在规律的，即内因起主导作用，外因是重要外界条件，起影响作用。六国的灭亡一方面是由于强秦的外侵，而更主要的是因为六国的统治集团误以为贿赂秦国就可以苟且偷安，岂不知反而助长了秦国的侵略野心；秦国灭亡的外因是由于农民起义军的打击，而内因则是由于秦朝政治腐朽，苛捐暴政致使人民离心。所以说，一个国家最容易从内部攻破。以史为证：明朝江山是由于吴三桂打开长城之门而陷落；李自成起义军也是因为内部开始腐败而失败。总而言之，所有的国家衰亡史都告诉我们：

一、政府要消除腐败，要使国家内部团结，政治清明，国家才能长治久安。

二、国家要进行爱国主义教育、增强民族凝聚力。

三、要战胜困难就必须战胜自己，超越了自己就可以成为强者，放纵自己就逃脱不了最终失败的命运。

以上这几个方面的材料作文都可以用引文加以论证，只要运用恰当，就一定会收到事半功倍的效果。

当官力争，不为面从

当官力争，不为面从。

司马光《资治通鉴·卷一百九十二》

宋太宗统治的时期，官吏贪赃枉法的现象时有发生。宋太宗十分痛恨，于是就暗中派人去官吏中故意行贿，想以此来整顿吏治，严惩贪官。这一做法果然奏效，刑部司门吏不知是计，受了一匹绢的贿，宋太宗就要杀他。这时，民部尚书裴矩当面反对太宗，认为太宗这种引诱人犯法的做法是错误的。太宗很赞赏裴矩的这种仗义执言的行为，用这句话来夸奖裴矩。意思是说，裴矩面对上司，勇敢地坚持正确意见，不碍于情面而顺从。

短短一句话，八个字，将一位直言上谏、正直严谨的大臣形象栩栩如生地展现在我们面前，他面对君主的过失，不畏强权，敢于上谏，这需要多么大的勇气和决心啊！谁人看过都不会不生景仰之情，然而反观自身，如身处裴公之位，只怕非但不能仗义执言、勇于进谏，反倒会思量着与直言者脱尽干系，以免殃及池鱼。这是两种不同的为官之道，前者为国为民，抛弃了一己私利；后者却为求得自身的太平无事，而听任在上者为恶。前者受世人景仰；后者为人所不齿。前者因其行为可能会遭人贬谪、打击，却留下一世美名；后者自作聪明，尽管能保一时太平，却难保一世安宁。对比这两种为官者，孰善孰恶、孰智孰愚，定然会不言自明。"当官力争，不为面从"，无论古今，不分中西，为官者若能参悟并实践之，则能正守为官之道，人民幸甚、国家幸甚！

"当官力争，不为面从"这句名言很具针对性和现实性，它可以用于与为政题材有关的作文中，以此来赞美为官者敢于仗义执言，同只顾维护一己私利的官吏相对照。

半点贪污，便成大恶

半点贪污，便成大恶，可为居官律己之戒。

张伯行《困学录集萃》

为官之人，最忌一个"贪"字，因为贪，便敢冒天下之大不韪，做出违背为官之道的事，置天理良心于不顾，轻则招致骂名，重则给国家民族带来严重损失。贪污不在数目多少，只要有此心，便是一个卑劣之人。古人在评价一个做官之人时，往往用"清官""贪官"来区分他们的好坏。这个标准固然有失偏颇，但却从一个侧面反映出"贪"对于一个为官者有多么大的腐蚀力。所以，历来严于律己的官员无不将戒贪作为时时警戒自己的律条。清代康熙年间的著名清官、被康熙称为操守天下第一的张伯行就曾说过："半点贪污，便成大恶，可为居官律己之戒。"

一锱一铢，微不足道，却能成全一个人的高尚品格，或败坏一个人的名节。西汉的司马迁不愿让自己身上沾上污点而拒收玉璧，东汉太守刘宠调任回京时连百姓赠送的几文钱都投回河中而赢得了"一钱太守"的美誉；而共产党的罪人慕绥新、焦玫瑰无不是从当初的点滴之贪而渐渐变得无所不贪，无所不为。可见，做官之人若一心为公，毫无私心杂念，他便会不屑于任何身外之财，相反，有私心、有贪心的人往往会由当初的试探而逐渐变得胆大妄为，贪念便渐渐暴露无遗。张伯行正是看透了这一点，才会向天下为官之人提出警告，无论是古代还是现代，张伯行的这句话都有着深刻的警示意义。

反对腐败是当今社会的热门话题。张伯行的这句话可以作为观点加以阐述，也可以作为论证过程中的道理论据，无论是作论点还是作论据，都要配合典型的事例以增强说服力。

飘风不终朝

飘风不终朝，骤雨不终日。

《老子》第二十三章

《老子》的第二十三章，主要用自然界的狂风暴雨不能持久的现象做比喻，说明统治者用残酷暴虐的手段对待百姓，是不会长久的。"飘风不终朝，骤雨不终日"意思是说：狂风刮不到一个早晨，暴雨下不了一整天。是天地使它们这样的。可天地尚且不能使它们维持一整天，那么人为的狂暴也没有长久的理由。老子认为，作为成功的统治者应该让百姓安宁舒适，自然生息，所谓"治大国如烹小鲜"，治理国家像煎小鱼一样，少施政令，少扰民生。否则，他的统治就会陷入困境。

由此可以看出，老子并不是像过去许多人习惯认为的那样，一味消极避世的。其实他与孔子一样很关心政治方面的问题，不过是老子的政治论与孔子的政治论有不同的理论基础。

老子的政治论是以宇宙论为依据的。这第二十三章就是以宇宙现象谈论政治的实例。

在写作中，当遇到论述治国安邦之道、经营管理之法、为官作宰之术的题目时，可以用这句话告诫当权者，不可滥施铁血暴力，不可滥用缺乏人道的手段，否则将导致民怨沸腾，民众与领导者之间貌合神离或离心离德，不仅不会预想成真，而且会适得其反，搞得一败涂地；当遇到论及有关修养、脾气、禀性的题目时，用这句话来说明狂躁易怒对人生命的折损，从反面说明心性平和、恬淡是养生的关键；在论说人对理想、目的、计划、方案的态度时，可用来说明凡事需循序渐进、有条不紊，不可急于求成，否则可能欲速不达，可能事倍功半。

爱国奉献

苟利社稷，死生以之

苟利社稷，死生以之。

《左传·昭公四年》

　　这句掷地有声的话出自春秋时期郑国执政大臣子产之口。其中提到了子产制定了丘赋制度，招致国人的怨谤。当子宽将众人的诽谤告诉他时，他坚决地说出了这句话："如果对国家有利，无论生死都会追随它。"以表达自己为坚持正确道路，不避风险、不避利害的坚定信念，从中我们看到他的高度的爱国主义精神。对于两千多年前的这位奴隶社会中的改革者，为了国家富强而大胆革新，为了国家的利益即使牺牲自己的生命也在所不惜的大无畏精神，我们不得不由衷地佩服。

　　这句话中所表现出来的爱国主义精神，是被世界上每一个国家、民族都珍视的一种可贵精神。而我们中华民族作为一个古老的民族，始终屹立于世界民族之林，正是因为这个民族中的无数优秀儿女的身上都体现了这种精神。随便翻一下文史书籍，你就会发现诸多如这句话一样滚烫、动人的文字，无数慷慨悲壮的人物、故事。从第一部诗集《诗经·秦风》中《无衣》的"岂曰无衣？与子同袍。王于兴师，修我戈矛"到艾青笔下的"为什么我的眼中常含泪水？因为我对这土地爱的深沉"，从《史记》中廉颇、蔺相如的故事到董存瑞舍身炸碉堡的事迹，等等，你感到的都是我们这个伟大的民族不断跳动的脉搏，是它儿女们的爱国主义精神使它能够如此坚强、有力。今天的我们，在读子产的这句话时，依旧能受到激励和鼓舞。

在作文之中，如果我们要赞美英雄人物为报效国家而在所不惜的精神时，要抒发一种报国情怀时，我们可以用上这句话。在议论文中，如果遇到了谈论爱国主义的话题时，这句话和子产的所作所为无疑是一有力的论据。在弘扬民族精神的话题中，千万不要忘记了这句话和它所体现的爱国精神。

舍我其谁

> 如欲平治天下，当今之世，舍我其谁也。
>
> 《孟子·公孙丑下》

孟子观察历史得出这样的结论：社会产生久了，时而太平，时而动乱：从尧时洪水猛兽横行，人民生无安息，居无定所，到大禹治水，驱赶鸟兽，使百姓安居乐业，这是一个由乱到治的周期；从尧舜禹去世，暴君出现，民不聊生，尤其是殷纣暴政，天下大乱，到武王伐纣，建立周王朝，铲灭佞臣，驱除恶兽，结果天下安定，百姓安居，这是一个由乱到治的周期。从此以后，周王室衰微，王道废弛，邪说暴行迭出，乱臣贼子倒行逆施。孔子的艰苦努力没有使局面有实质性的好转，孔子之后圣王不兴，仁义不行，诸侯恣意妄为，杨墨邪说流毒天下。针对这种乱世之状，孟子坚信治世就会到来。他认为，每五百年就会有称王天下的人诞生，其间必有成名于世的贤人出现，从尧舜到商汤，到周文王、武王，都是五百年。按照这个规律推算，五百年中，必然会有尧舜一样的圣王兴起，必然会有皋陶、伊尹一样的贤人现世。

同时，孟子是一位有远大抱负的人，认为大丈夫在世，如果条件允许，当成就一番轰轰烈烈的事业。当然，这个事业是以王道主义平治天下。所谓"如欲平治天下，当今之世，舍我其谁也"，如果上天希望天下太平，除了我，谁能担当如此重任呢？何等风发意气，磅礴气概，勃勃雄心。这几句话曾经鼓舞无数仁人志士秉承"天下兴亡，匹夫有责"的信条，以治平天下为己任，披肝沥胆，奋发有为，从而在中华民族的历史上建立了丰功伟绩，青史留名。

回顾中华民族坚苦卓绝的历史、社会主义建设的艰辛历程，想起那些为了人类的共同事业和普遍幸福，或奔走呼告，或抛头颅洒热血，或鞠躬尽瘁，或顶天立地的烈士先贤们，我们会不由自主地想起这几句话，不禁感慨万端。

在看到当今有些人为一己之私或处心积虑、机关算尽，或奴颜媚骨、攀附钻营，或锱铢必较、纸醉金迷，我们不妨用这几句话来告诫那些人，让他们感到相形见绌的同时，摆脱利欲枷锁，敞开无私胸怀，树立远大理想。

而对于那些胸无大志、醉生梦死、自卑自贱之人，也可以用这几句话叫他们猛醒，人生在世当有凌云之志，践履相当的社会责任。

投死为国

投死为国，以义灭身，足垂于后。

曹操《让县自明本志令》

这是曹操的一句话，它的意思是说"为国家献身，为大义牺牲，这足以垂名于后世"。曹操实际上表白的是自己的宏伟志向。东汉末年，天下大乱，豪杰之士竞相扩充势力，曹操则是其中一位出身低微，却颇具胆识能力的人物。说此话之前，他已在官渡之战中大败袁绍，并逐渐完全消灭了袁绍的势力。因其挟天子以令诸侯，所以会美言自己为国不顾死，仗义以弃身，而实际上表现出的是他扫平群雄、一统天下的雄心壮志。

今天我们来看这句话，已没有必要去细究它的初衷及曹操这个人是英雄还是奸雄，而是看它会给我们什么启发。它强调要勇于为了国家而牺牲自己，为了大义而不顾生命，这是我们这个民族千百年来一直在宣扬的，无数仁人志士身体力行所体现的一种可贵精神。每个人都知道生命是可贵的，可从古至今很多英雄在面临生死的抉择时，义无反顾地选择了死亡。因为在他们的心目中有比死亡更重的，那就是国家的利益，是他们所信奉的正义事业。正是因为有了无数这样的人，才使我们的民族、国家成就了它的伟大和坚强，从而能够傲然屹立于世界上。

这句话在有关爱国这一主题的文章中，是非常切题的理论论据，并可以随后举出古人的事实例证来增强其力度。这句话还可以用在谈论人生观、价值观的文章中，稍加分析之后作为一种正确的人生观、价值观提出来。此外，在抒情性文章之中，这句话也可引出来赞美英雄人物的爱国精神。

鞠躬尽力，死而后已

鞠躬尽力，死而后已。

诸葛亮《后出师表》

这句流传千古的话出自三国时蜀国丞相诸葛亮的《后出师表》，它的意思是说"兢兢业业，不辞劳苦，直到死为止"。这句话当为诸葛亮一生的真实写照。汉末之际，天下大乱，群雄并起，逐鹿中原。曹操挟天子以令诸侯，却在赤壁之战中遭惨败，天下形成三国鼎立的局面。诸葛亮辅佐被视为正统的刘备，开创蜀汉政权，原本形势大好，不料荆州遭挫，伐吴失利，终于一蹶不振。回顾这段历史，为蜀汉政权呕心沥血的诸葛亮不由得发出如此感慨，或者说是誓言，这实是其忠心报国的真心表白。

诸葛亮的这句话体现的是一种对国家、工作的尽心尽力。他的一生就是对这句话的最好诠释。当然限于特定的历史条件，他这样做只是为某一个人，有其局限性，并不值得今天的人学习，但是他这句话所体现的爱国、敬业精神还是值得学习的。一直以来，诸葛亮都被奉为封建社会贤相的典范，为后来许多文士所称颂赞扬，因为他的作为、经历，正是封建社会中大多数读书人一生中理想的最高境界。如果我们以历史的眼光来看，他们的这种信奉是无可厚非的，而且他们所赞扬的，也正是这句话所体现的，这种为了自己的国家和所信奉的事业而奋斗终生的精神，有其历史价值和现实意义。今天，诸葛亮的这句话，也早已成为成语，经常出现在人们的语言之中。

如果我们在作文之中，在介绍完了英雄人物的光辉事迹后，需要加以赞美时，不妨引一下这句话。如果我们遇到了谈论奉献，谈论爱岗敬业，谈论爱国、报国等等题目时，都可以将这句话用在行文之中，也可以加上诸葛亮或其他人的事迹，来论证提倡这种精神的必要性。

一夫不耕，天下受其饥

一夫不耕，天下受其饥；一妇不织，天下受其寒。

范晔《后汉书·王符传》

这是南朝宋范晔的一句话，它告诉我们："如果有一个农夫不耕种，天下就会有人挨饿；如果有一个农妇不纺织，天下就会有人受冻。"它强调的是人人应该各尽其责，天下的人是息息相关的。范晔用最朴素、最简单的语言讲明了这个道理，虽略有夸张，却意在使人更透彻地领悟这一道理。在芸芸众生之中，他选择了最普通的农夫、农妇，虽与封建社会中以农为本的思想有关，却也不全在此，还与他们地位低微、范围广泛有关。他意在强调即便平凡如斯，也足以因其不尽职责而影响其他人的生活，更何况那些身居要位、手持重权的人，他们如果不能忠于职守，其后果就会更严重。

范晔从反面所强调的这样一种精神，自古至今都极有现实意义。细想在每一个集体之中，个人之间都有着直接或间接的联系，一个人的不尽职，势必影响他人，又进而影响更多的人，何况即便从个人的道德品质上来讲，也应该力求做一个有责任心的人。对于社会、国家、集体及家庭，强烈的责任感是我们这个民族一直大力弘扬的。它曾激励过无数仁人志士去努力奋斗，报效国家。这样一种精神非但没有因为时光的流逝而冲淡，反而变得更为重要，更应该宣扬。这样一种一个封建社会的史学家都知道要强调的，许多封建社会中的才俊之士都曾努力实践过，甚至用牺牲生命去体现的，对于当今时代来说也是迫切需要的精神，我们就更应该身体力行了。

这句话因其所强调的内容非常集中而突出，所以能用于那些谈论与责任心有关的文章中，诸如批评玩忽职守，宣扬爱岗敬业，宣扬责任感之类的题目中，在引用之后需加以引申分析，以明确指出每个人尽职尽责对于社会、他人的影响。这句话还可以用在谈论个人与集体的关系这样的题目之中，当然最终落脚点依旧是在责任感上，从这句话也可以看出，即便你是集体中最不起眼的角色，你的行为也会影响整个集体。

覆巢之下，安有完卵

大人岂见覆巢之下，复有完卵乎？

刘义庆《世说新语·言语》

　　这是刘义庆的一句话，作为笔记小说的先驱，《世说新语》反映了一定的世态人情及现实政治。所引这句话出自孔融的儿子之口。孔融因多次讥讽曹操，最终被曹操除掉。抓捕他的人来到家中时，他的两个才八九岁的儿子正在玩游戏，丝毫没感到害怕。当孔融恳请差官放过孩子时，他的儿子说了这句话："您难道见过鸟巢倾覆了，还能有完整的鸟蛋保存下来吗？"果真，没过多久，他的两个儿子也被抓了起来，并同他一起被杀掉了。今天这句话已浓缩为成语"覆巢无完卵"，来比喻大祸临头，无一幸免，也比喻整体遭殃，个体不能侥幸保存。

　　这句话用比喻的方法说出了一个千古不变的道理，一个集体的安危盛衰是与生活于其中的个体息息相关的。当这个集体面临灭顶之灾时，其中的个体是无法幸免于难的。于是从中我们能够领悟到集体主义精神，并进而推广到爱国主义精神的重要意义。千百年来，每当我们的民族、国家遭受外强的侵略、欺辱时，总会有无数英雄人物奋起反抗，在他们的爱国主义精神中也包含了对这一道理的深刻理解。

　　这句话形象地说明了整体与个体之间荣辱与共的关系，它可以鼓舞我们为了集体与国家的生死存亡而奋不顾身，所以在那些赞扬爱国志士的文章中，我们可以把这句话引用进去。在谈到个人与集体的关系的文章中这句话可以作为一个有力的论据出现，从反面证明只有把国家、集体建设好，个人的利益才有保证。

苟利于国，知无不为

苦心焦思，以日继夜，苟利于国，知无不为。

韩愈《为裴相公让官表》

这是韩愈为宰相裴度所说的让官表中的话，其意为：刻苦地用心来竭力地思考，甚至夜以继日凡是有利于国家的事，只要是知道的就没有不去做的。

中国历代著名文人都有爱国主义情操，韩愈更为突出。我们暂且不论儒家入世思想是否影响并掩盖这些文人的利己主义倾向，仅从韩愈的这份表书来看，字里行间流露出那份忠贞热忱，就非矫揉造作之宫廷文人刻意为文所能。

在此文中，韩愈虽是为他人美言，但同时也是自己情怀的一种抒发，从中我们也可以知道他的道德标准和审美取向。"苟利于国""以日继夜"是使用典故，言辞恳切而巧妙，文字平白朴实却掷地有声，比之那些巧言令色的贪官佞臣自然光明磊落得多。

古人之高风亮节，后人自当躬行效仿。爱国主义是历代人民歌颂的主题，我们也应该在新的历史时期赋予"爱国主义"以新的含义。古人爱国有忠君的成分，今人爱国即是为民。我们谈韩愈的爱国，同时也要思辨地去看待现如今的爱国主义：

一、爱国是每个公民的义务和权利，是神圣的使命。

二、爱国就要为祖国的发展而不懈努力。

三、爱国就不能因祖国的贫弱现状而悲观失望。

四、爱国要兼收并蓄，学他国之长，补己之短，而且不能盲目排外。

先天下之忧而忧

先天下之忧而忧，后天下之乐而乐。

范仲淹《岳阳楼记》

北宋范仲淹是宋朝的名臣，他为人正直，为官清廉。当时国家面临外侮内患，他以天下为己任，在《岳阳楼记》中写下"居庙堂之高则忧其民，处江湖之远则忧其君。是进亦忧，退亦忧。然则何时而乐耶？其必曰'先天下之忧而忧，后天下之乐而乐'乎！"这是作者用来赞美古代仁人的一段话，它的意思是说，他们在朝做官，就替百姓担忧，在野隐居，就替君主担忧。这就是在朝也担忧，在野也担忧。那么什么时候才快乐呢？他一定会说："在天下的人忧愁之前自己就先忧愁，在天下的人欢乐之后自己才欢乐吧！"

　　这句流传千古的名言语意精邃，发人深省。在这里，作者通过赞美"仁人"表达了自己的生活理想和爱国忧民的情怀。虽然他所讲的"仁人"和"忧""乐"带有阶级性的色彩，但其同样具有普遍性。千百年来，人们常常以这两句名言来表露志士仁人的高尚情操和宽广的胸怀。无论遇到怎样艰难坎坷的处境，他们总是在普天之下的人担忧之前就已担忧，而在普天之下的人安乐之后才肯安乐。这是多么令人钦佩的胸襟与气度啊！后人从这样的人生境界中总能受到鼓舞与启迪，激发他们爱国的热忱和献身的精神。即使在科技飞速发展、全球一体化的今天，这句名言也无时无刻不鼓舞人们以巨大的热情融入时代的洪流中去，去为我们国家、我们民族奉献自己的青春和热血。

　　这句耳熟能详的名言经典而又浅显，在作文中它可以用来表现人吃苦在前、享乐在后的高贵品质。如"有句古语说，先天下之忧而忧，后天下之乐而乐，我们这一代年轻人就应该吃苦在前、享乐在后"。

辩证哲思

祸兮福兮

祸兮，福之所倚；福兮，祸之所伏。

《老子》第五十八章

《老子》第五十八章，是他将政治论、人生论与辩证法相联系的一章。老子指出，政治宽松（好像不利于统治），人民淳朴敦厚；政治严苛（好像有利于统治），人民反而会狡诈作乱。政治上的宽与严会产生不同的结果。这同人生现实当中的祸与福、正与邪、善与恶一样，是相互对立的，同时也是相互依存、相互转化的相辅相成的关系。有的统治者浑浑噩噩，迷惑不清，圣人却能掌握规律，把握尺度，做得恰到好处。

"祸兮，福之所倚；福兮，祸之所伏"意思是说，祸是福之所由生，福是祸之所隐藏。它指出，祸与福既是相互对立，也是相互依存的两个方面。它的意义不在于是借人生来解说政治，而是体现了朴素的辩证法思想，是他对矛盾转化的普遍性的精彩总结，具有重要的理论价值，千百年来，在拓清人们的认识，指导人们的实践方面，具有深刻的现实意义。

在讨论观察、识别、预见事物或事态的题目中，引用它来表明人要有全局性、发展变化的眼光；既要看到事物的这一面，也要看到事物的另一面；既要看到事物现实的情状，也要能估测出其未来的发展趋势。不能只见其一，不见其二。

将它用在作文中来表达一种对世间穷通塞达、吉凶祸福、荣辱得失等等矛盾超脱、释然的人生态度，来感佩人洞明世事的本领及坦然面对祸福变化的心理承受能力，呼唤构造强健而成熟的心理结构，措置裕如地以不变应万变。

在写作中经常用它来指示命运的万端变化。虽然如此，人却不应该甘于做命运的玩偶，而应该充分发挥人作为人的主观能动作用，使事态朝着积极的方向发展。

迷于清渊

观于浊水而迷于清渊。

《庄子·山木》

这句话出自《庄子·山木》篇的一则寓言，它讲的是：庄子一天到雕陵的栗园里游玩，看到了一只长相怪异的鹊。这只异鹊碰到庄子的额角后飞停在栗树林中。庄子十分惊奇，小心走过去，把着弹弓窥伺它的动静。这时恰看见了一只蝉，正得着一片美叶的荫蔽而忘了自身——有只螳螂隐蔽着而上去抓住了它；螳螂得意之际忘了自己的形体，异鹊乘机攫取了螳螂；这样，异鹊只顾贪利而忘了自己的真性。见此情景，庄子感慨于物类由于贪欲而相累的状况，扔下弹弓就跑，不想，管园人以为他偷栗子，追着责骂他。回去之后，庄子闷闷不乐，学生蔺且问其原因。庄子回答说自己"守形而忘身，观于浊水而迷于清渊"——为了守护形体而忘了自己，观照浊水而对清渊迷惑了，并讲了在雕陵游玩的事。

在此，庄子用"观于浊水而迷于清渊"比喻人对着物欲过于关注而被其性迷惑了，换言之，就是因贪恋于物欲而迷失了真性。庄子的真性指的是自然之性，我们可以把它推广为人的善良、正义、廉洁等美德。这句话概括了古往今来发生在许多人身上的事实。他们由于利欲熏心，不择手段，忘记了自己的道德心、公德心及作为人的良知，或巧取豪夺，民脂民膏，或蝇营狗苟，奴颜媚骨，或穷兵黩武、蚕食鲸吞，或钩心斗角、明枪暗箭……尤其是今天的社会主义市场经济条件下，金钱物质发挥着空前巨大的魔力。这大大刺激了人们对物质的占有欲，对物质的渴望和追逐，不再"犹抱琵琶半遮面"，不再遮遮掩掩。这固然是推动中国社会发展，并将中国纳入世界经济运行轨道的大势所趋，是必然经历的蜕变。但在此过程中，却也发生了令人担忧的事实，人们道德戒律松弛，人文精神滑坡，价值观念倾斜，完整人性缺失。两千多年前庄子的"观于浊水而迷于清渊"涵盖今天令人触目惊心的多种情形，因而仍起着警示的作用。

在以下题材的作文中可以用这句话：论利欲与节操的，作正面的论述后，再论说反面的表现时，可引用这句话概括；反腐倡廉的，可用这句话来说明腐败分子的心态；与现今人文精神有关的，用这句话说明如今物化、异化现象的实质。

甘井先竭

直木先伐，甘井先竭。

《庄子·山木》

"直木先伐，甘井先竭"出自《庄子·山木》中人物大公任之口。他这句话是讲给孔子听的。

孔子被围困在陈、蔡两国之间，七天没有生火煮饭。大公任去慰问他，并示意孔子应像意怠鸟那样不孤飞、不独栖、不先食，总是把自己隐在众鸟之间，这样就获得了安全。于是，他认为孔子应吸取"直木先伐，甘井先竭（挺直的树木将先被砍伐，甜水井将先被喝干）"的教训，即是告诫像孔子那样展示聪明才智，宣扬仁义道德，昭然若揭地显露自己，除了招引祸害，别无所获。

庄子学派是主张遁世的，而孔子的人生态度则是积极入世的、经世的。两者显然大相径庭。那么，在庄子一派人物大公任，把孔子引为教育和驯服的对象则属自然。在此，大公任所说的"直木先伐，甘井先竭"，无疑告诫孔子削迹捐势，陆沉世寰，隐没于众人当中而不张扬、显露自己，达到一种自觉的遁世。另外，这句话也透露着这样一个信息：当时的社会环境险恶难当，有识、正直之士总是难免受到排挤、打击、倾轧，以致大道难行、壮志难酬。

事实上，这句话不只说出了当时的社会环境，也概括了历朝历代许多良才俊杰的共同遭遇，以致为人们默认的一种规律，后世也有类似的说法：木秀于林，风必摧之；才秀于众，人必非之。

这句话会使你不由得满腔愤怒地声讨起压抑、摧残峻拔超群者的黑暗、保守势力；

这句话会使你不由自主地想起那些敢为天下先的勇士，而暗自佩服他们那不惧怕"直木先伐，甘井先竭"所卜设的命运的勇气；也想起那些胆小怕事、庸庸碌碌之辈，及那些随波逐流，甚至同流合污者，并为他们成为"直木先伐，甘井先竭"咒语驯顺的奴隶而感到可悲。

这句话会使你告诉包括你自己的那些企图标新立异、卓然于世者，先要有遭受困扰、非议、阻挠、打击、迫害的心理准备，而后摆脱、抗拒，并坚持到底。

知有所困

知有所困，神有所不及。

《庄子·外物》

《庄子·外物》有一则寓言：宋元君夜半梦见有人披头散发在侧门窥望，并且说自己来自宰路深渊，作为清江的使者到河伯那里去，结果被余且捉到了。宋元君醒来，使人占卜，说夜半所梦的是一只神龟。宋元君问侍臣是否有叫余且的渔夫。侍臣回答说"有"。宋元君派人将余且找来，经询问得知余且果然捕捉到了一只龟，于是命余且将龟献来。龟送到后，宋元君想杀它，又想放了它，举棋不定，就去占卜，结果是："杀掉用来占卜，吉利。"这样，龟被杀掉占卜，占了七十二卦而没有不应验的。

在这个寓言之后是借托孔子的议论："神龟能见梦于元君，而不能避余且之网；知能七十二钻而无遗筴，不能避刳肠之患。如是，则知有所困，神有所不及也……"意即说：神龟能托梦给宋元君，却不能躲避余且的渔网；机智能占七十二卦而没有不应验的，却不能避免刳肠的祸患。这样看来，则机智也有穷困的时候，神仙也有不及的地方。进而孔子表达了道家一以贯之的思想：抛弃自诩的聪明才智，自然随俗，这才是大智。

"知有所困，神有所不及"是通过神龟的寓言故事得出的结论，而同时这则寓言及所得结论又是来为道家的哲学思想服务的。尽管如此，后世在运用这句话的时候，完全可以抛开这个旨归的限制，通过寓言故事得出的这个结论已足以构成结论，提醒能者非万能，神者非全神。

在写作中，可用这句话作为论点说明认知及其各种能力的相对性；可用这句话作为对一时智慧难通、能力难及的宽慰之辞；可用这句话告诫那些高自标的俊杰能人，应清楚认识到，不知、不能才是最绝对的现实。

骐骥之衰也，驽马先之

骐骥之衰也，驽马先之；孟贲之倦也，女子胜之。

《战国策·齐策五》

这句名言的本义是：骏马衰老了，连驽马也能超越它；孟贲（战国时勇士）疲倦了，连女子也能打败他。

这是苏秦劝告齐闵王不要首先发动攻击，要后发制人，才能取得胜利，免招祸患所说的一句话。苏秦的话让我们明白，不管如何强大优秀的事物，都有它自己最脆弱的时候。所以国力强大的国家不可以有恃无恐，动辄就对弱国施加压力，甚至诉诸武力。如果长年卷入战争，耗费巨大，一旦发生不利的突发事件，就会被那些伺机而动的弱小国家有机可乘，面临灭国的危机。

人们常说，强弩之末，势不能穿鲁缟，道理也是如此。引文要说明的问题，无非是用形象的对比来阐明强大力量到了末期，也与一般事物毫无二致。这句话对于自恃强大而轻举妄动者有很好的教育作用。

此引文可用来联系实际生活，阐明一些观点，并表述成文。比如：

一、我们可用此观点写文章来劝诚那些所谓超级大国不要以强权政治、霸权主义对待弱小的国家，否则就会到处树敌，最终陷入被动。

二、可以论述小人物不必在强大势力面前自惭形秽，要相信自己在某一方面的长处可以在适当的时机胜过强者。

三、我们还可以论述无论做什么事，都需要保持限度，不能过犹不及。例如，进行体育锻炼不能体力透支，否则就会影响其他生活活动。

尺有所短，寸有所长

> 尺有所短，寸有所长；物有所不足，智有所不明。
>
> 《楚辞·卜居》

这句为人们所熟知的话出自《楚辞》中的《卜居》，关于其作者，东汉王逸认为是屈原，而后人一般认为是楚人哀悼屈原所作的。"卜居"之意就是通过问卜，来解答如何为人处世。所引的话出现在文章最后，是太卜郑詹尹针对屈原所占问的问题的回答："尺有时显得短，寸有时显得长；事物总会有欠缺的地方，智慧也总会有不明了的地方。"是在告诉屈原本是作为尺度的卜卦也有不灵的时候。后来人们使用这句话时，用它来比喻人或事物各有长处和短处，不能一概而论，即当我们看人或事物时，要全面辩证地看，不能只见其长处，也不能只见其短处。

《卜居》中的这句话，今天仍能给我们启迪。天下没有十全十美的人，也没有尽善尽美的事物。我们该怎样待人处事，它给了我们答案：要辩证地看人看事物，不能求全责备。同时这句话也提醒我们时刻保持谦虚谨慎的态度，因为无论你多么了不起，你都会有不足之处，所以当赞誉纷繁而至之时，它能让我们保持清醒的头脑。

由上文的分析，不难看出它适用的范围。当我们在作文中谈论待人接物的态度，提到要全面看人、看物时，批评以偏概全，凭感情、印象评价、任用一个人时，我们都可以把这句话引入文章中，作为要全面看问题的有力论据。在涉及宽以待人，不要求全责备等题目时，这句话也能给论点以有力的支持。在谈谦虚谨慎，批评骄傲自满的文章中，它也可以有力地说明人永远没有骄傲自满的理由，因为你永远有不足。

方寸之木而高于岑楼

不揣其本，而齐其末，方寸之木，可使高于岑楼。

《孟子·告子下》

一个任国人问孟子的学生屋庐子，饮食与礼相比、女色与礼相比分别是哪个重要，屋庐子均回答是礼重要。而任国人接着问，如果按照礼制去求食就会饿死，不按礼制求食就会得到食物，那么还要守礼吗？如果按照亲迎礼去迎亲，就得不到妻子，不行亲迎礼就可得到妻子，那么还要遵守亲迎礼吗？屋庐子回答不上来，就去跟孟子讲了他和任国人的这次对话。孟子当即表示，回答这样的问题没有什么难的。他的观点是：对于事物的比较应该先确立轻重标准，不然，"不揣其本，而齐其末，方寸之木可使高于岑楼"，意思是：如果不从两种物体的底部度量它们的长短大小，只去比较二者顶部的高低，那么即使是一寸高的木块放在高处也会使它比高楼还高。这就像拿饮食中重要的事情、婚姻中重要的事情，同礼仪中的细枝末节比较，这时候的礼仪就会显得不重要了。

孟子对于屋庐子"不揣其本，而齐其末，方寸之木可使高于岑楼"的教导，带有很强的论辩色彩。在通常情况下，对于孔孟儒家而言，并不否定人的食色之性，承认饮食男女是人之大欲。不过，他们更突出强调的是为人行事以礼为先，食色应退居在后；但是，凡事都是辩证的，重中有轻，轻中有重，于是孟子主张人面对事物要具体分析，不可不去探究事物的本原实质，而轻易地套用惯常的标准，进而得出错误的结论。

孟子"不揣其本，而齐其末，方寸之木可使高于岑楼"的话，对于今天的价值，不在于它论辩是否巧妙，也不在于它是否代表了儒家关于礼与食色的基本观点，而在于它启发了我们在认识、分辨事物时，应该避免一种轻率肤浅的态度。这样，我们就可以在以下一些关于认识问题的作文题目中发挥这种观点：如想要说明应透过事物的表象认识事物本质的道理，可先阐述论点，然后表明，否则就会发生"不揣其本，而齐其末，方寸之木可使高于岑楼"的错觉；如想要说明人应清醒认识自己和他人的问题，建议从根本上观察和确定价值、位次，否则就有可能导致"不揣其本，而齐其末，方寸之木可使高于岑楼"的错误判断。

绝食以去病

以食噎而得病者，欲绝食以去病，乃不知食绝而身毙。

陈子昂《答制问事·贤不可疑科》

唐朝陈子昂的这句名言就是成语"因噎废食"的本义，他以此比喻来劝告同僚，选贤荐能不能太苛求完美。每个人都或多或少有些缺点，不要因为贤者有些缺点就不委任以要职，否则政务就会没有适当的人处理，国家利益就要有所损害。

在其文中，这句话的意思是：有一个因为吃饭被噎着而得病的人，他想用绝食的方法来治好病，却不知道因为绝食可以导致丧命。

陈子昂的名句说明一个道理，任何事物都有利弊两方面，我们不能因为事物有其弊端就舍弃不用。用人也是如此。一个人可能或多或少有些毛病，但是他也可能具有某一方面的特长，如果给他一个合适的位置，劝诫他改正缺点，发挥特长，他就会有所建树。所以这句话可以出现在谈论全面看问题、用人等的题目中。

同时陈子昂这种观点，也可以应用于论证现实社会中的一些问题。

其一，我国进行改革开放是为了学习借鉴外国的先进建设经验，但同时一些腐朽的观念和事物也会乘虚而入，我们不能因此而封闭国门，再次走上闭关锁国、闭门造车的道路；而是应该建立健全相应的法律机制和精神文明机制予以抵制不文明的事物，同时对好的东西广征博引、兼收并蓄，这是权衡利弊后最好的解决方法。

其二，科学是一把双刃剑，我们不能因为科学的消极作用而放弃发展科技兴国的计划。

综上所述，就是这句名言的现实意义。

勾践以尝胆兴

> 井以甘竭，李以苦存，夫差以酣酒亡，而勾践以尝胆兴。
>
> 刘基《苦斋记》

刘基生活在元明之际，参加过轰轰烈烈的元末农民战争，深深体会到创业者的含辛茹苦，也深知一个朝代走向灭亡的真正原因，所以他能站在更高的层面上更深刻地阐述相关的道理。他在《苦斋记》中说：水井因其水甘甜而最先枯竭，李子树因其李子苦涩而幸免被攀折；吴王夫差因终日沉迷酒色而灭国，越王勾践却因卧薪尝胆而兴邦。刘基先以井水和李子为喻，说明福祸相依，事物都是可以向其对立面转化的，再举夫差、勾践一反一正两例，阐明了逸豫亡国忧劳兴邦的深刻道理。

从古至今，这样的例子举不胜举。古代的商纣王荒淫无

度，最终在鹿台自焚，周文王忍辱负重，打下了八百年周王朝
坚实的基业；现代的国民党反动派醉生梦死，最后淹没在历史
的洪流中，而共产党历尽了无数难以想象的艰辛，终于带领人
民迎来了新中国的诞生。所以，贪图一时的安逸享乐往往会招
致无法挽回的悔恨，忍受短暂的苦难却可保不衰的基业。

刘基的这段话是一段很好的论据，道理深刻而且生动形
象，我们在阐述"忧劳可以兴国，逸豫可以亡身"的观点时，
它是很好的辅助材料。另外，我们也可以用这段话来证明：祸
福是可以互相转化的，不要因一时的得意而放纵自己，也不要
因一时的失意，而对前途失去信心。

人与自然

知天之所为

知天之所为，知人之所为，至矣。

《庄子·大宗师》

人与自然的关系是人类面临的一大难题。

就这一问题庄子也许会给我们提供有益的启示。早在庄子生活的战国时代，已然有许多人和自然的冲突不断出现。庄子就这种现象，提出了顺应自然的主张。他说："知天之所为，知人之所为，至矣。"意思是：知道哪些是属于天就的，知道哪些是属于人为的，这就是洞察事理的极境了。接着庄子又指出，人为的又离不开自然，人与自然是息息相关不可分的，真正将自身和自然相融合的才是真人。

庄子的这一自然主义观看到了人与自然对立矛盾的一面，也看到了自然对人的作用，这无疑是正确的；至于他反对以人为干预自然，主张去顺应自然，则固然有其消极的因素，但也有其合理的成分。就其合理的成分值得说明的是，进入文明时代以来，人类社会发生了一个又一个战胜自然的奇迹，但同时也发生了或酝酿着许多由于违反自然法则而自食其果的悲剧。尤其是近代工业和科学技术日新月异的迅猛发展，一方面人们利用自然，得到了自然的丰厚馈赠，而另一方面也造成了人与自然关系的空前紧张，遭到了自然无情的报复，如环境的恶化，资源和食物的短缺，生态平衡被打破。就是说，人类在显示"人定胜天"的利用、改造自然的智慧和力量的时候，也应该适当地顺应自然。这也是庄子"知天之所为，知人之所为，至矣"最大的意义。

在作文中，我们可以引用庄子"知天之所为，知人之所为，至矣"号召人们关怀人类自己的同时，关爱养育和提供给我们生存空间的自然，分清哪些应该改造，哪些应该保护；也可以引用"知天之所为，知人之所为，至矣"来告诉人们要善于审时度势，了解哪些可以人为做到，哪些非人力可及，从而做到知其不可而不为，知其可而为之，这才是明智的。

天何言哉

天何言哉？四时行焉，百物生焉，天何言哉？

《论语·阳货》

全句如下："子曰：'予欲无言。'子贡曰：'子如不言，则小子何述焉？'子曰：'天何言哉？四时行焉，百物生焉，天何言哉？'"可翻译为："孔子说：'我不想再说什么了。'子贡说：'先生如果不说话，那我们说什么呢？'孔子说：'上天说过什么话？四季照样运行，万物照样生长，上天说过什么话？'"

从这段话看，孔子当时是很悲观的，又是很坚定的。说他悲观，是因为他不想再说什么了。好为人师的孔子为什么不想再说什么了？因为：一、他说的话往往被曲解，这没有什么奇怪的，因为话一被别人转述，就容易走样儿；二、他说的话亦即他的政治主张没有人听，这不能不让孔子感到悲凉。说他坚定，是因为借天自喻，认为自己的主张不说也会通行天下的。但是这么一来，又和孔子强烈的入世之心相矛盾了，也就是说这句话使人感到孔子不像儒家而像道家了。

但我们引用这句话，却不用管这些，只采用这句话的意思就行了，即我们可用它表达一种坚定的信念，一种经过努力一定可成功的自信，一种对大自然的喜爱、敬仰之情，等等。

天行有常

天行有常，不为尧存，不为桀亡。

《荀子·天论》

常：规则。尧：上古时代的贤君。桀：上古时代的暴君。这句话可译为："自然界有它的运行规则，不因为尧的治世而存在，也不因为桀的乱世而灭亡。"

春秋时期，人们还是相当迷信的，认为天有天帝，主宰人世的命运。诸子百家大多相信天命；即便是儒家开山祖师孔子，最重视人世、世事，也相信天命的存在，不过他采取了对天命搁置不说的态度，以让人们重视社会和人的存在。我们可能知道孔子的一些名言，如"子不语怪、力、乱、神""未知生，焉知死""未能事人，焉能事鬼"等等，从中都可以反映出儒家不谈玄虚之事、重视社会人生的原则。荀子在儒家派别中可谓最具有唯物精神和阳刚之气的思想家，他认为自然界的运行和人类社会的运行没有对应关系，强调人的因素第一，福祸由人、成败由人，可以说这是对儒家入世精神的最有力的说明。

同在《荀子·天论》篇中，荀子还有一句名言与上述名言同义："天不为人之恶寒也辍冬，地不为人之恶辽远也辍广，君子不为小人之匈也辍行。"意为："大自然不会因为人们厌恶其寒冷就放弃冬季，也不会因为人们厌恶其遥远而放弃宽广，君子不会因为小人的吵闹放弃自我的追求。"显然，这是借助大自然的运行规律不以人的好恶而改变的道理，表明君子的特立独行，坚持理想。否则，东风大则随东风，西风大则随西风，最终就会因立场不坚定而造成自我价值的缺失。

因此，荀子这两句名言就可以连起来使用。前一句说成败在人不在天，人必须自强不息；后一句说凡为君子必须有坚定的人格操守，特立独行。

不涸泽而渔

畋不掩群，不取麋夭，不涸泽而渔，不焚林而猎。

刘安《淮南子·主术训》

中国的古人很早就有生态环保意识了，看看西汉淮南王刘安所作《淮南子·主术训》中的这句话便可窥见一斑。它说"（先王的法规）打猎的时候不捕尽兽群，不捕杀小鹿、幼麋，不准放干水而捕鱼，不允许烧焚山林去打猎"。《淮南子》是一部"牢笼天地，博极古今"的著作，是西汉道家思潮的最高理论总结。《主术训》一篇讲的是国君统治天下之道，而在其中强调了对于自然生物资源的运用要有所节制，不能过度使用，可见对此问题的重视。

古人的这句话，即便放在两千年后的今天，依旧十分有意义。自然资源是有限的，过度地开发，虽会获得一时的利益，却必将导致资源的枯竭，给人们的生活带来灾难。《淮南子》中的这句话提醒人们对于那些可再生的资源，应该给它们留出再生的机会，而不能急功近利地使用，否则它们将变成不可再生的了。应该说中国的道家思想，从来都是非常重视人与自然的和谐统一的，历来的有识之士，对于这一问题也有所阐释。不过可惜的是，即便到了今天，我们仍会痛心地看到在不少地方，人们由于缺乏这种意识而大肆地砍伐森林，捕杀动物，以至于造成一系列的环保问题，当沙漠一步步向我们走来，沙尘暴一次次向我们袭来的时候，我们真的应该在古人此类文字面前感到惭愧了。

这句话是宣传环保这一主题的有力论据，它让我们了解到环保意识是有悠久历史的，古人曾将它放到君主治理天下的高度去谈论。同时这句话也被后人用于比喻对百姓的治理，告诫统治者不要横征暴敛，应给百姓以宽松一点儿的生存、发展环境。今天当我们要批评急功近利的做法时，我们可以用古人的这句话，以强调急功近利是无法维持长久的。

鸟倦飞而知还

云无心以出岫，鸟倦飞而知还。

陶渊明《归去来兮辞》

东晋的陶渊明是我国文学史上第一位大量创作田园诗的人，也是一位品性高洁的隐士。这句话出自他的代表作《归去来兮辞》，为传诵千古的名句，意为"白云自然而然地从山峰间流出来，鸟儿飞倦了也知道自己归来"。写这句话和这篇文章时，陶渊明已经四十一岁，混迹官场，在约十三年间先后做了几任小官，看尽了官场的黑暗、政治的腐朽，最终辞去彭泽令的职务，彻底告别了官场，如题目所言"回去喽"，回归久别的田园，面对纯净的天空。此句就是回归后于黄昏时分拄杖徐行，举目远眺所见的景色，自然亲切，笔下含情，使人如同亲见。

这句话所以备受后人称赏，还在于它并非纯粹的景物描写，而是将自然界的白云、飞鸟与作家主观感情紧密结合在一起，在景物中寄寓了他对仕宦人生的感叹：自己的出仕就像山间流云，本无心而为之；自己的归隐似归飞的宿鸟，实必然之抉择。把对官场的厌恶，对田园的喜爱，表达得含蓄而鲜明。陶渊明以其高尚的人格、优美的文字影响了千百年来的读书人，他所选择的这条道路，抒发的这种情怀，后世不乏追随者。这句话以其特有的魅力，给每一个读过的人留下了难以忘记的印象。

我们时常会流连山水，描摹景物，相信这样一句绝佳的写景之语，会适时地出现在我们的文章之中，以表现湖光山色间的和谐之美，抒发黄昏时分的畅想。此外，如果有一天，你也像陶渊明一样，厌倦了那种钩心斗角的生活，决定去开始更简单、更本色的生活时，这句话无疑将是最恰当地表达这种心声的语言。

鸢飞戾天者，望峰息心

鸢飞戾天者，望峰息心；经纶世务者，窥谷忘反。

吴均《与宋元思书》

此句出自吴均写给他的朋友宋元思的一封信。吴均生活在南朝宋，所作诗文在当时很有影响，文风清秀挺拔，有很多人效仿，号称"吴均体"。由于魏晋南北朝时，朝代更替频繁，现实政治黑暗，许多文人都纵情山水，以排遣失意，避害远祸，于是摹山画水之作也就多了起来。吴均的文章，长于写景，小品文和书信尤受后人称赏，《与宋元思书》可谓此中之代表作。而这封信中最精彩之处，就是中间一段描绘从富阳到桐庐一百多里美丽景色的文字。所选之句就在其中，出现在一段对美景的描写之后。

相信每一个目睹自然美景的人都会多多少少有所感悟，而那些生活于纷争之世，见惯了尔虞我诈的人，感悟会更深，吴均就是这样的人。所以他会说："那些像鹰飞长空一样地追求飞黄腾达的人，看到如此雄奇的山峰，也会平息追求名利之心；那些经营世间俗务的人，看到山谷的优美景色，也会流连忘返。"句中的"反"，同"返"。吴均的这句话，在历代文人之中多有共鸣。在许多时候，山水真的能给我们以慰藉和净化，吴均的这句话就是在强调这一点。

在我们的写作之中，会经常遇到须描写山水风光的地方。无论它是文章的全部，还是作为文章的一部分，在写景之后，加上这样一句话，都会使你的文章更雅致，更有深度。此外，探讨人与自然的关系，可是现在的一个热门话题。那么这句话所说的，无疑是其中的一个重要方面：自然能够净化人的灵魂，放松人的精神。当然在作文中，我们会先提出这样一个论点，然后再引出古人这句话，来证明很多人都有此共识，并都曾从自然母亲的怀抱中得到过慰藉。

落霞与孤鹜齐飞

落霞与孤鹜齐飞，秋水共长天一色。

王勃《滕王阁序》

此句出自"初唐四杰"之一的王勃的笔下。当时二十多岁的王勃正在去海南探望在那里为官的父亲的路上，走到今天的江西南昌（唐时地属洪州），正逢洪州都督在滕王阁大宴宾客，王勃作为一时名士也有幸参与宴会。酒席之上，大家为文助兴，王勃就写了传诵千古的《秋日登洪府滕王阁饯别序》，简称《滕王阁序》。此文可谓历代骈文中首屈一指的佳作，将秋日美景描摹得如诗如画，将自身感慨抒发得淋漓尽致。我们选出的是文中最受人推崇的一句。想象一下，在深秋九月（农历）时节，诗人站在高高的滕王阁之上，滔滔赣江水在阁前匆匆流过，红日偏西之时放眼远眺，但见"一只孤零零的野鸭好似驮着片片锦霞渐飞渐远，一川江水与万里长空在澄蓝的底色上共同披起了一层金色的薄纱"，此等美景足以打动任何时代的读者。

这句话不愧为描写秋日景色的神来之笔，所以在我们写秋景之时不妨借来一用，想来一定会令自己的文章增色不少。此外我们更应从这句话中体会到一种为文之法，想一想为什么王勃能用如此简单平淡的文字营造出如此美丽悠远的意境，打动千百年的读者呢？说其语言整饬、句式对仗、音节和谐还在其次，更为重要的在于他抓住了景物富有特点的细节，"落霞""孤鹜""秋水""长天"，用看似平淡的语言，"齐飞""一色"，给我们留下了无限想象的空间，这才是此句最可贵之处。前人说王勃此句仿自庾信《马射赋》"落花与芝盖齐飞，杨柳共春旗一色"，既然王勃能仿得如此精彩，我们也可以仿，既要会仿其皮毛，又当深得其精髓。